어떡하죠, 마흔입니다

MIDLIFE

어떡하죠, 마흔입니다

키어런 세티야 지음 김광수 옮김

흔들리지 않는
삶을 위한
마음철학 수업

MIDLIFE

와이즈베리
WISEBERRY

내가 나를 위하지 않는다면, 누가 나를 위하겠는가?

내가 오로지 나만을 위한다면, 나는 무엇이란 말인가?

그리고 지금이 아니라면, 언제?

– 랍비 힐렐

나는 중년의 위기에 맞닥뜨렸다

기원전 1세기, 위대한 두 랍비가 있었다. 삼마이(Shammai)는 엄격하고 교리에 충실하며 배타적인 랍비였다. 반면에 그의 경쟁자였던 힐렐(Hillel)은 완전히 반대로, 인간적이고 유연하며 관대했다. 이 이야기에는 한 이교도가 등장하는데 그는 삼마이를 찾아가, 자신이 한 발로 서 있는 동안 토라(유대교 율법)의 전부를 가르칠 수 있다면 기꺼이 유대교로 개종하겠다고 말한다. 하지만 심한 모욕만 당한 채 쫓겨난 이교도는 이번엔 힐렐을 찾아간다. 힐렐은 이교도의 요구에 이렇게 답한다. "당신이 하기 싫은 일이라면 이웃에게도 원하지 마세요. 그것이 토라의 전부입니다. 나머지는 그저 덧붙이는 말일 뿐이지요. 이제, 가서 토라를 공부하세요."

이 책은 힐렐의 정신세계를 근간으로 하며, 그래서 책의 첫머리에도 그의 명언을 붙였다. 탈무드가 그렇듯이 철학은 다가서기 어렵고 난해한 측면이 있다. 누구나 아는 얘기다. 칸트나 아리스토텔레스의 글을 읽어 보라. 하지만 난해하다고 해서 모두 나쁜 것은 아니다. 힐렐이 확고한 학문적 형식을 거부하는 것은 아니다. 그 역시 공부하고 탐구할 것을 강력히 권고한다. 하지만 그는, 유대교의 메시지는 누구나 손쉽게 전파할 수 있으며 아무리 순진해 보이는 내용이더라도 실천할 만한 가치가 있다고 믿는다.

이것은 철학에 대한 나의 신념이기도 하다. 세속의 온갖 까다로운 문제들의 해법을 찾으려 헌신하느라 오히려 곤경에 처한 철학자들이 있었기에 비로소 철학도 살아남을 수 있었다. 그 모든 논란과 불확실성, 복잡함에도 불구하고 학문으로서의 철학은, 삶의 한복판에 이르러 어떻게 사는 것이 인간다운 삶인지를 고민하는 대부분의 중년들에게 많은 것을 시사한다.

내가 이런 생각에 골몰하게 된 계기는 지극히 개인적인 차원이며, 철학을 가르치는 직업을 가져서가 아니다. 지금으로부터 6년 전, 서른다섯이라는 비교적 덜 성숙한 나이 때부터 중년에 대한 고민은 시작되었다. 겉보기에 내 삶은 잘 굴러가고 있었다. 일과 가정 모두 탄탄했다. 그 당시 나는 쾌적한 기후를 자랑하는 미국 중서부의 어느 도시에 자리한 대학교 인기 학과의 종신교수였다. 좋아하는 일을 하며 살아가는 행운아임을 나도 잘 알았다. 그런데도 미래의 예정된 사건들, 이를테면 앞으로 이루게 될 일련의 학문적 업적들에서부터 그 이후의 퇴직과 노년의 삶, 그리고 다가올 죽음에 대해 생각이 미치면 왠지 모를 공허함이 엄습했다. 그리고 지금껏 이루려 애써 왔던 삶의 모습을 진지하게 성찰하는 과정에서 과거에 대한 향수와 후회, 질식감, 연민, 공포감 등이 뒤섞인 채로 나를 휘감았다. 중년의 위기에 맞닥뜨렸던 것일까?

중년의 위기를 겪기에는 턱없이 어린 나이라고 (지금도 마찬가지라고) 항변할 사람도 있을 것이다. 이런 분들이 이 책의 2장을 읽기 위해서는 마음을 다잡아야겠지만, 어쨌든 틀린 주장은 아니다. 하지만 나는 이 생각에 동의하지 않는다. 그 무렵 나를 괴롭혔던 것은 중년에 대한 실존적 의문들이었으며, 이런 의문을 갖기에 서른다섯은 결코 어린 나이가 아니다. 지금의 내 나이 정도에 이런 상황을 겪는 것이 보통이지만, 사람에 따라서는 20대 혹은 70대가 되어서야 이런 의문을 갖기도 한다. 상실과 후회, 성공과 실패, 원했던 삶과 실제의 삶에 대한 의문들, 나아가 피할 수 없는 죽음과 삶의 유한성, 어떤 식이든 무언가를 추구하는 과정에서 찾아오는 공허함 등에 대한 의문들 말이다. 결국 이 모든 의문들은 인간의 삶이 지닌 시간 구조(temporal structure)와 그 속을 채운 다양한 활동들에 대한 것이다. 따라서 이 책은 중년뿐만 아니라 시간의 비가역성을 극복해야 하는 모든 사람을 위해 쓰인 것이다.

이 책은 중년의 도전을 이겨 내기 위해 배워야 하는 철학적 성찰을 다루는 일종의 응용철학 저작물이다. 그래서 이 책은 자기계발서 형식도 갖추고 있다. 중년의 시련은 철학자들의 연구 대상에서 경시되어 왔지만, 최근에는 많은 이들이 이 문제에 대해 철학적 관심을 보일 뿐 아니라 철학 기법을 동원하여 적극적으로 문제를 해결하려는 의지를 갖고 있다. 18세기경까지만 하더라도 도덕철학과 자기계발 사이에는 명확한 선이 없었다. 좋은 삶을 위한 고민들은 당연히 우리의 삶을 더 풍요롭게 만들어야 한다는 데 철학자들 사이에 이견은 없었다. 그러나 시간이 흐르면서 이 둘이 분리되는 파격이 발생한다. 요즘에 와서 자기계발서를 집필하는 철학자들은 드물다. 그러기 위해서는 로마 스토아학파나 키케로, 세네카, 에픽테토스 같은 고전 이야기들을 인용하는 경우가 일반적인데, 그러다가는 삶에 대한 철학의 실효성이 이미 2,000년 전에 상실되었음을 인정하는 것과 다를 게 없다. 나는 역사적 접근을 원하지 않는다. 이 책에서도 과거와 현대의 철학자들을 언급하지만, 그것은 그들을 현인(賢人)과 같은 지혜의 보고(寶庫)로 등장시키기 위해서가 아니라 나의 문제들과 가능하면 당신의 문제들까지 해결하기 위한 대화 상대로서 필요하기 때문이다.

이 책은 일반적인 자기계발서와는 다르다. 삶을 느끼는 방식이라는 근본적인 의문에 집중한다는 점에서 다르고, 외부의 변화에 대해서는 오히려 덜 집중한다는 점에서 또 다르다. 대다수 사람들에게 중년이란, 흔히들 느끼는 것과 달리, 새로운 무언가를 시작하기에 그렇게 늦은 때는 아니다. 중년은 늘 시간에 쪼들린다는 말에 현혹되어서도 안 된다. 시간은 생각보다 많다. 그래서 세간에는 50세에 직업을 바꾸거나 55세에 과감히 이혼하는 것 등을 주제로 현실적인 조언을 담은 책들도 많다. 하지만 내가 하려는 조언은 이런 종류가 아니다. 이 책에서 내가 독자들에게 전하려는 것은 철학적 관점을 바탕으로 중년의 삶에 실제로 적용할 수 있는 전략들이다. 내가 제시하는 조언이 익숙하다면, 이제 그 이면에 깔려 있는 철학에 대해서도 탐구할 것이다. 반면에 나의 조언이 생소하다면, 나는 그 내용이 옳다는 사실부터 이해시킬 것이다.

그렇기 때문에 이 책을 읽기 위해서 사전 지식은 필요 없다. 전문용어를 최대한 줄이고 완결성보다는 간결성을 추구했기에, 한쪽 다리를 들고 있는 동안에도 얼마든지 읽어낼 수 있도록 쉽게 썼다. 이어지는 각 장에서는 중년의 다양한 위기들을 실제적으로 조명한다. 삶은 바라는 것들로 가득하지만 그 바라는 것들 때문에 도리어 피폐해지는 느낌도 있다. 이것이 2장의 주제다. 이 문제의 해답을 구하기 위해 우리는 아리스토텔레스에게서 기원한 이성(reason)과 가치(value), 좋은 삶(the good life)의 개념에 대해 탐구하며, 원치 않는 일도 해야 하는 필요성에 대해 배울 것이다. 살다 보면 행복과는 상관없이 현재의 삶에 갇힌 느낌이 들기도 한다. 놓쳐버린 대안들을 인정하는 것, 이것이 3장의 주제다. 여기서는 여러 선택권들이 어떤 식으로 과대평가되며, 때로는 놓쳐 버렸기에 더 나을 수도 있다는 근거에 대해 배운다. 완전하지도 않고 돌이킬 수도 없지만 받아들일 수밖에 없는 과거에 대한 관념이 4장의 주제다. 실수를 했더라도 기꺼이 받아들여야 하는 시기와 이유에 대해 배운다. 피할 수 없는 죽음을 향해 가고 있거나 또는 거의 임박했다는 시간관념에 대해서는 5장에서 다룬다. 여기서는 죽음의 공포에 맞서기 위한 철학적 요법을 살펴본다. 그리고 끊임없이 이어지는 과제들로 인해 매해, 매일이 반복되며 사람을 고갈시키는 관념은 6장의 주제다. 여기서는 지금 이 순간을 사는 것이 어떤 의미인지, 그것이 당신이 겪고 있는 중년의 위기를 어떻게 해결해 줄 것인지, 그리고 왜 명상이 유익한지를 배운다.

이 모든 해답을 찾기 전에 우리는 1장 '의문의 역사'로부터 시작한다. 위기의 시점으로서 중년에 대한 통념이 최근에 와서 어떤 모습을 하고 있는지, 다시 말해 혼란스러운 트라우마에서 제어 가능한 불편함으로 진화해 온 과정을 살펴볼 것이다. 더불어 미래에 자리할 철학적 공간도 모색한다. 이 시대의 철학자들은 나이 듦에 대해서, 아동기와 중년기, 노년기의 신체적·시간적 상황에 대해서 너무나 무관심하다. 이제는 이런 상황을 바꿔야 할 때다.

— 차례 —

1

'중년의 위기'에 대한
간략한 역사

시인이며 도서관 사서로도 오래 일한 필립 라킨(Philip Larkin)은 노래했다. "성교가 시작되었다 / 1963년에 / (나보다 훨씬 늦은 때다)." 중년의 위기의 기원도 이처럼 정확하게 거슬러 올라갈 수 있다. 1965년 정신분석학자 엘리엇 자크(Elliott Jaques)가 출간한 책에 '죽음과 중년의 위기'란 문구가 등장했다. 자크는 중년의 위기를 분석하며 30대 중반의 어느 환자를 인용했다.

"지금까지 제 삶은 오로지 저 멀리 지평선밖에 보이지 않는, 끝이 없는 오르막길처럼 보였습니다. 그런데 지금에 와서는 느닷없이 산의 꼭대기에 다다른 듯하고, 앞으로 이어진 길은 끝이 보이는 내리막입니다. 꽤 멀리 떨어져 있긴 하지만, 그 끝에 죽음이 있는 것만큼은 분명히 보입니다."

이 책을 읽는 당신도 이런 순간을 경험했을 수 있다. 그때의 느낌이 어떠할지는 짐작이 될 법하다. 그 많은 세월을 견뎌 온 결과가 고작 '이게 다야?'란 말인가? 몇 번의 심각한 실수를 범하고, 지나간 성공과 실패를 곱씹으며 자부심과 회한에 젖어 들고, 이미 놓쳐 버린 대안들을 곁눈질해 봐야 남는 것이라고는 과거에 선택하지 못해 누릴 수 없는 삶에 대한 회한뿐이다. 그리고 삶의 끝자락을 내다보면 —당장은 아니지만, 그렇다고 아주 멀리 있지도 않은— 그 거리가 산술적으로 얼마나 될지 충분히 예측할 수도 있다. 운이 좋아야 40년 정도….

당신이 처음은 아니다. 직장을 그만두고 슈퍼카를 구입하며 10대 딸의 매력적인 친구에게 연정을 품는, 영화 〈아메리칸 뷰티〉의 레스터 번햄 같은 동시대의 본보기들도 많다. 그리고 조금 더 거슬러 올라간 사례도 있다. 존 윌리엄스(John Williams)가 1965년에 출간한 유명 소설 『스토너』의 주인공 윌리엄 스토너는 마흔둘에 결혼생활이 파경에 이르고 일도 망가진다. "얻으려 소망하던 것들이 앞에 전혀 보이지

어떡하죠, 마흔입니다

않고, 담아 두려 애쓰던 것들조차 뒤에 거의 남아 있지 않았다." 그 역시 정해진 수순을 밟고 있다는 데 의심의 여지가 없다. 알베르 카뮈(Albert Camus)의 1942년 작품 『시시포스 신화』에 등장하는 부조리한 남자의 이야기도 있다. 그의 실존적 위기는 영원한 게 아니라 "남자가 자신이 서른임을 깨달았거나 그렇다고 말할 때" 다가온다.

> 그는 곡선의 특정 지점, 즉 삶의 마지막을 향한 여정에 나서야 함을 인정해야 하는 시점에 서 있다고 고백했다. 그는 시간에 예속되어 있으며, 자신을 움켜쥔 공포 때문에 무엇이 자신의 숙적인지를 깨닫는다. 내일을, 그는 내일을 갈망하고 있었지만, 한편으로 내면의 모든 것들은 그것을 거부해야만 한다. 이 육체의 반역이 실존적 부조리다.

허버트 조지 웰스(H. G. Wells)의 블랙코미디 『미스터 폴리의 역사(The History of Mr. Polly)』도 있다. 지루한 일상을 보내던 가게 주인이 어설프게 자살을 시도하다가 실패하는 바람에 동네의 영웅이 된다. 자신이 붙인 불을 오히려 용감하게 끈 사람으로 인정받아 새로운 인생을 살게 된다는 이 책은 1910년에 출간되었다.

이처럼 중년의 위기라는 명칭이 등장한 1965년보다 그 실체적 존재가 훨씬 앞선다면, 그 흔적을 좇아 어디까지 거슬러 올라갈 수 있을까? 엘리엇 자크의 사례들 대부분이 임상 경험이 아니라 창조적 예술가들(creative artists)의 삶에서 비롯되었다는 사실을 밝히면 매우 충격적일 것이다. 그는 서른일곱 살이나 그 무렵의 나이 때에 창조적 침묵(creative silence) 혹은 창조적 변형(creative transformation)이 자주 일어난다는 사실에 주목했다. 조아키노 로시니(Gioachino Rossini, 1792~1868)는 〈세빌리아의 이발사〉에서 〈윌리엄 텔〉에 이르기까지 성공한 오페라의 대부분을 37세 무렵까지 완성했다. 그 후로도 40년을 더 살았지만 새로 작곡한 곡은 거의 없었다. 같은 나이에 요한 볼프강 괴테(Johann Wolfgang Goethe, 1749~1832)는 2년에 걸친 이탈리아 여행을 시작했다. 비극 『파우스트』에서 보듯이, 그의 대작들은 주로 이 여행 이후에 고전 작품들의 영향을 받아 쓰였다. 미켈란젤로(Michelangelo, 1475~1564)에게도 중년은 휴지 기간이었다. 40세에서 45세 사이의 작품은 거의 없고 〈메디치가의 무덤〉과 〈최후의 심판〉은 그 후에 만들어졌다.

이쯤 되면 수세기 전에 죽은 예술가들의 정신세계도 무차별적으로 고려해 볼 법하다. 우리 이야기는 아직 끝나지 않았다. 무차별적 고려 대상에서 누가 예외일 수 있을까? 근대적 의미의 아동기 개념을 정립한 역사가 필리프 아리에스(Philippe Ariès)는, 품위 있는 열망을 갖고 있었으나 전통 사회의 구성원들로부터 거부당한 '부유하고 권력 있고 또는 유식한 중세 후기 남성'의 경험을 들어 중년의 개인적 실패가 어떤 느낌으로 다가오는지 추적했다. 서른다섯의 단테가 그랬다. "우리가 걸어온 삶의 여정 중간에 이르러서야, 나는 나 자신을 발견했다 / 캄캄한 숲에서, 옳은 길을 잃었다."

중세 연구가 메리 도브(Mary Dove)는 『남자 인생의 황금기(The Perfect Age of Man's Life)』에서 「농부 피어스와 가웨인 경 그리고 녹색 기사」라는 중세 영국 서사시를 통해 매우 색다른 관점을 묘사한다. 여기서는 중년이 인생의 황금기이며, 신체는 30세에서 35세 사이에 완전히 성장하지만 정신은 49세에 이르러서야 성숙한다는 아리스토텔레스의 논리를 인용한다. 아리에스가 지나치게 앞서갔다며 회의적으로 보는 사람들도 있다. 심리치료사 제인 폴든(Jane Polden)은 중년의 위기를 주제로 2002년에 출간한 책 『재생(再生, Regeneration)』에서, 호메로스의 『오디세이아』에 등장하는 오디세우스의 이야기에 비유하여 자신의 관념을 드러낸다. 중년의 위기라면 배신, 과음, 사랑하는 부모의 죽음, 결과적으로는 가정의 심각한 문제들에 대한 상담의 필요성 등이 포함될 것이다. 폴든의 입장에서 보면, 이것은 하나의 은유다. 중년의 위기와 관련하여 내가 발견한 가장 먼 옛날의 기록으로는 기원전 2000년경의 열두 번째 이집트 왕조에서 찾을 수 있다. 세상에 지친 한 남자와 그의 영혼이 나누는 대화 내용이 그것인데, 다만 이 남자가 세상에 지친 이유는 흔히들 생각하는 삶의 불만족이 아니라 자신을 둘러싼 불의(不義) 때문이었다.

이 선사시대의 교훈은 중년의 위기가 영원할 것만 같은 우리의 상상과는 달리 그렇지 않을 수도 있음을 시사한다. 그런데도 우리가 상상하는 위기의 모습을 지금과는 너무도 다른 당시의 삶에 별 생각 없이 투사하기 쉽다. 이 장에서 내가 말하려는 역사는 인류의 여명기 이후의 가늠하기조차 어려운 역사가 아니라, 1965년에 출발하여 현재에 이르기까지 좀 더 다루기 쉬운 역사다.

때마침 중년 인구가 급증함에 따라 자연스럽게 중년의 위기가 등장했다는 혐의를 받아 왔지만 사실은 결코 그렇지 않다.

'중년의 위기'의 탄생과 운명

정신분석학자 에드먼드 버글러(Edmund Bergler)가 혼외정사를 주제로 1954년에 발표한 『중년 남성의 반란(The Revolt of the Middle-Aged Man)』과 같이 주목할 만한 일부 선례가 없지 않지만, 중년의 위기가 탄생한 때는 1965년이다. 이 초창기는 특별한 약속이며 놀라운 성장 사례의 하나였다.

1966년, 예일대학교 심리학 교수 대니얼 레빈슨(Daniel Levinson)은 35세에서 45세의 남성 40명과 연속해서 인터뷰를 했다. 레빈슨 자신이 경험한 중년 시기의 불만들을 그들도 얼마나 공유하는지 파악하기 위해서였다. 그는 인터뷰 결과를 바탕으로 성인 남성의 발달 단계 예측 지도를 만들어 『남자 인생의 시절들(The Seasons of a Man's Life)』이라는 제목으로 1978년에 출간했다. 같은 해, UCLA의 정신의학자 로저 굴드(Roger Gould)는 『변형: 성인 생애의 성장과 변화(Transformations: Growth and Change in Adult Life)』라는 책을 출간했다. 이 책 역시 굴드의 개인적인 경험에서 비롯되었다. 오랫동안 품어 온 꿈이 실현되었는데도 난데없이 우울증에 빠진 일 때문이었다. 굴드와 아내는 로스앤젤레스에서 주택을 구입했다. 그런데 왜 불행해졌을까? 개인적 트라우마에 직면한 그가 선택한 것이 바로 사회과학적 해결책이었다. 굴드는 16세에서 50세 사이의 남녀 524명을 대상으로 자기평가형 조사를 시행했다. 레빈슨처럼 그도 발달과 성장의 보편적

단계들을 규명하는 것이 목적이었으며, 중년에 일어나는 특징적 혼란도 그중 하나였다.

그러나 중년의 위기 시대가 도래한 것을 본격적으로 알린 때는, 즉 문화적 성인식(bar mitzvah)의 시기는 1976년이었다. 1974년, 저널리스트 게일 쉬히(Gail Sheehy)가 『뉴욕』 지 기사를 작성하며 레빈슨과 굴드, 둘 다와 대화를 나누었다. 이후 두 사람이 데이터를 들고 숙고하고 있을 때 쉬히는 곧장 20대, 30대, 40대 성인들을 직접 인터뷰하여 『변천: 성인 생애의 예측 가능한 위기들(Passages: Predictable Crises of Adult Life)』이란 책을 내놓았다. 이 책은 엄청난 인기를 누렸다. 출간 이후로 28개 언어로 오백만 부 이상이 팔렸으며, 1991년에 국회도서관에서 독자들을 대상으로 시행한 조사에서는 '당대의 가장 영향력 있는 10대 도서' 중 하나로 선정되었다.

쉬히는 자신에게 가장 영향을 많이 끼친 인물로 독일의 정신분석학자 에릭 에릭슨(Erik Erikson)을 꼽았다. 에릭슨의 1950년 저서 『아동기와 사회(Childhood and Society)』는 인간의 삶을 분석한 초기 사례 가운데 하나로, 출생에서 노년에 이르는 삶의 과정을 특징적이고 연속적인 8단계로 구분했다. 이 8단계는 각 단계별 난제(難題)를 바탕으로 구분되었다. 예컨대 유년기에는 신뢰감와 불신감, 첫 번째 성인기에는 친밀

어떡하죠, 마흔입니다

감과 소외감, 35세에서 64세 사이의 두 번째 성인기에는 생식성(生殖性)과 침체성을 난제로 꼽았다('생식성'이란 보통 중년기에 나타나는 자손 양성 욕구를 말하는데, 에릭슨이 정립한 개념이다). 레빈슨과 굴드가 쉬히에게 끼친 영향과 관련해서는 논란도 많았다. 1975년, 굴드는 쉬히를 상대로 도서 출간을 중단해 달라는 소송을 제기했다. 쉬히가 자신의 아이디어를 도용했다고 판단했기 때문이었고, 결국 만 달러와 인세의 10퍼센트를 받는 조건으로 마무리됐다. 이후의 판매량을 감안하면 나쁜 거래는 아니었다. 그러나 쉬히의 책이 유발한 파급 효과는 단순히 이런 종류의 책이 처음 출간되었기 때문만은 아니었다. "노력하는 20대", "캐치-30(Catch-30)", "마지막 10년"처럼 기발하고 인상적인 문구를 사용했으며, 이런 표현들을 일반화하려는 의지 때문에 그녀의 책(『Passages』)은 마치 미국에서 자기인식(self-perception) 세계의 스냅사진처럼 읽힌다.

이 스냅사진 속에 비친 중년의 위기는 상당히 심각하게 다가온다. 쉬히의 주장에 따르면, 중년에 다가서는 사람들은 시간이 부족하다는 느낌을 받는다고 한다. 여성은 30대와 40대에 인생의 기로를 만난다. 1974년에는 대학 학위를 취득한 여성이 드물었고 자녀들은 성장하여 집을 떠났다. 따라서 여성은 이 시기에 두 번째 삶을 구상하고 시작해야 할 필요가 있었다. 남성의 경우 40대로 진입한다는 것은 불가능한 꿈과의 작별을, 젊은 날의 야망을 버리고 방향을 전환해야 한다는 것을 의미했다. 실제 모습이 어떻든 이 이야기는 상당히 설득력이 있었다. 세상이 변하고 교육과 직장, 가정에서 평등이 한층 고양되었음에도, 1976년에 쉬히가 발견하거나 창안한 통념들이 사라졌다기보다는 오히려 남성의 전유물로 여겨지던 통념들, 이를테면 정체된 직장생활이나 시들어 가는 청춘, 무기력한 결혼생활 같은 공간으로 여성들을 몰아넣는 결과를 낳았다.

쉬히는 비록 평범한 용어로 글을 쓰고 독자들이 자신의 인터뷰 주제에 대해 공감하리라고 확신했지만, 이 위기가 확산될 것이라는 측면에서는 입장이 뚜렷하지 않다. 그녀에 비해 다른 사람들은 분명히 밝히는 편이다. 바버라 프라이드 (Barbara Fried)는 중년 신화의 고전이면서도 그다지 사람들의 주목은 받지 못한 1976년 저서 『중년의 위기(The Middle-Age Crisis)』 서문에서, 심리학 교수 모리스 스타인(Morris Stein)의 말 "위기는 어디에나 존재한다"를 인용한다.

누구나 자기만의 방식으로 위기에 부딪치고, 정도의 차이는 있지만 그 위기를 경험하며, 이후의 시간 동안 적당히 타협해 위기에서 빠져나온다. 이것은 '자연스러운' 발달 과정의 위기이며 피할 수는 없다.

앞의 인용문에서 유독 긴장감이 느껴지듯이, 이러한 모습은 사회적 혹은 생물학적 운명의 한 부분이다. 우리는 남녀를 불문하고 중년의 위기를 향해 프로그래밍된 존재이며, 중요한 것은 겪느냐 아니냐가 아니라 언제냐의 문제다. 따라서 준비를 잘해 둘 필요가 있다.

1980년까지 중년의 위기 관념은 매우 번성했고, 대중문화 속에서도 확고하고 두드러진 지위를 점유했다. 이 관념에 대해 군이 설명이 필요 없었으며, 풍자적 유머나 고상한 척 내뱉는 말의 주제가 되기도 했다. 중년의 위기를 경험하지 못한 사람들이 읽어 볼 만한, 이 주제를 담은 소설도 많았다. 조지프 헬러(Joseph Heller)의 『뭔가 특별한 일이 생겼어 (Something Happened)』에서 도리스 레싱(Doris Lessing)의 『어둠이 내리기 전 여름(The Summer before the Dark)』에 이르기까지 종류도 다양했다. 심지어 보드게임도 여러 가지였다. 1982년에 출시된 '중년의 위기(Mid-Life Crisis)'라는 게임에서 사용자는 안정성을 추구하거나, 자산을 축적하거나, 스트레스를 관리하거나, 중년의 위기를 선언하거나, 파산이나 이혼, 신경쇠약에 이르는 등 다양한 선택이 가능했다.

이 정도면 충분히 이해되었을 것이다. 하지만 현실은 어떤가? 사실, 설명하기 쉽지 않다. 우리는 레빈슨과 굴드, 쉬히의 연구 사례를 알고 있지만 체계적인 데이터는 거의 없다. 주변에 물어보면 중년의 위기에 대한 근거가 될 만한 일화들을 어렵지 않게 찾을 수 있지만, 대부분이 비과학적이고 왜곡된 내용들일 뿐 사회적으로 통용되는 용어로 납득할 수 있게 설명하는 경우는 많지 않다. 중년의 위기 관념은 자신을 다른 사람들에게 이해시키거나 설명하기 위해 즉시 사용 가능한 도구이며, 특히 자칫하면 잘못된 행동으로 비칠 수도 있는 상황을 해명할 때 강력한 효과를 지닌 도구다. 이제 당신은 어떻게 할 것인가? 나는 중년의 위기를 겪고 있다!

중년의 위기 현상에 대한 가장 중대한 도전은 1989년에 벌어졌다. 사회심리학자 오빌 길버트 브림(Orville Gilbert Brim)의 주도로 '중년의 성공적 계발을 위한 맥아더재단 리서치 네트워크'가 설립된 것이다. 심리학과 사회학, 인류학, 의학 등 다양한 분야의 연구원들로 팀을 구성했다. 그들의 대표적인 연구는 1995년에 처음으로 시행된 "마이더스(MIDUS, Midlife in the United States)"라는 이름의 방대한 조사였다. 마이더스는 25세에서 74세 사이의 인구 7,000명 이상을 대상으로 2시간 분량의 질문지를 갖고 45분이 넘는 전화 인터뷰를 시행했다. 데이터를 분석하기 위해 투입된 조사 도구만도 1,100가지 이상이었다. 대단히 큰 프로젝트였다. 물론 예측 가능한 통념—"중년기 이후의 신체 건강 지수는 더 나빠진다"라는 누구나 아는 조사 결과가 누설되기도 했다—도 있었지만 마이더스 조사는 사회과학적 정설로 여겨지던 것들을 급격하게 바꿔 놓았다. 예컨대 2000년 무렵의 발표 결과에서 보듯이, 한창 때인 35세 인구에서 중년의 위기 관념은 이미 현실이 되고 있었다.

마이더스의 입장은 어떠했을까? 브림은 심리학 교수 캐롤 리프(Carol Ryff)와 하버드의과대학 보건정책학 교수 로널드 케슬러(Ronald Kessler)와 함께 편집하여 2004년에 『우리는 얼마나 건강한가?(How Healthy Are We?)』라는 제목의 자료집을 발간했다. 꼼꼼하게 정리된 이 자료가 보여 준 전망은 아주 밝다. "대부분의 영역에서 나이 듦의 긍정적인 모습이 발견되었다. 청년과 중년에 비해 노년의 긍정적 정서 수준이 높은 데 비해 부정적 정서는 낮은 것으로 조사되었다." 더 좋은 소식도 있다. "나이는 심각한 우울증과 실질적인 관련성이 없었고, 나이 든 성인들은 이 부조화 현상의 가능성이 낮았다." 이 사례는 청년기에서 중년과 그 이후로 갈수록 안정성이나 향상성이 높아진다는 근거의 하나다. 이 결과가 처음 공표된 1999년, 『워싱턴포스트』는 '위기 없는 중년'이라는 이름의 특별 섹션을 마련했다. 그리고 『뉴욕타임스』의 헤드라인에는 "중년이 인생의 황금기라는 사실이 새로운 연구에서 밝혀졌다"라는 문구도 등장했다.

코넬대학교 사회학자 일레인 웨딩턴(Elaine Wethington)은 처음 참여자들 중 724명을 대상으로 시행한 후속 연구에서 특히 심리학적 전환점에 주목했다. 이 연구에서는 40대 이상에서 중년의 위기를 겪고 있다고 응답한 비율이 26퍼센트에 불과했고 남녀 비율은 거의 비슷했다. 전혀 압도적이지도 보편적이지도 않은 수치였다. 게다가 이 26퍼센트라는 수치도 오류로 드러났다. 이어진 분석 결과, 이렇게 응답한 사람들이 중년의 위기라는 개념을 너무 유연하게 적용한 사실이 확인되었다. 즉 그 시기에 발생한 힘든 일들을 모두 이 개념과 관련지은 것이다. 중년에는 아이들이나 부모에게, 아니면 직장이나 건강 등에 달갑지 않은 일들이 생기게 마련이다. 적용할수 있다고 해서 이런 일들에 모두 중년의 위기라는 이름을 갖다 붙인다면 전체 미국인의 4분의 1은 여기서 헤어나기 어려울 것이다. 하지만 그것은 연대학적 나이는 제쳐 두더라도, 피할 수 없는 죽음이나 삶의 유한성, 과거에 대한 후회, 잃어

버린 기회, 또는 이루지 못한 야망 같은 것들을 인식하는 차원과는 무관할 수도 있다.

마이더스의 결론을 재확인하는 다른 사례들도 있다. 2001년, 브랜다이스대학교 심리학 교수 마지 래크먼(Margie Lachman)은 『중년 자기계발 안내서(Handbook of Midlife Development)』라는 포괄적인 문집을 발간했다. 이 책에 수록된 에세이에 이런 대목이 있다. "여러 연구에서 일상적으로 발견되는 점이 있다. 중년기의 성인들은 젊은이들에 비해 심리학적 징후가 드물며 (…) 부부생활의 만족도가 상대적으로 높고, 삶의 만족도와 주도성도 높으며 (…) 전반적으로 건강 상태도 양호하다는 사실이다." 또 다른 연구에서는 이렇게 적고 있다. "생애 발달심리학의 가장 흥미로운 수수께끼 가운데 하나는 중년의 위기 신화다." 중년이 불확실성과 퇴행이 아닌 능력과 개인적 성장의 시기라는 새로운 이미지의 공감대도 형성되었다. 1970년대의 고정관념들을 통렬하게 비판해 온 수전 크라우스 화이트본(Susan Krauss Whitbourne)은, 뉴욕주 북부의 로체스터대학교에서 학생 350명을 대상으로 장기적인 연구를 시행했다. 그 결과를 바탕으로 집필한 저서 『성취감 찾기(The Search for Fulfillment)』에서 "중년의 위기 신화"편의 주제에 많은 지면을 할애했다.

어찌 보면 중년의 위기에 대한 반발은 하나의 현상에 대한 과민반응이었다. 중년의 위기란 표현은 누구에게나 '불행으로서의 위기'처럼 부정적으로 들릴 수 있다. 그리고 앞에서 인용한 모리스 스타인의 글처럼, 지속성도 부족하고 경험적으로도 근거가 없는 중년의 위기가 널리 확산되고 있다는 주장들도 있었다. 1990년대 후반의 여러 연구 결과들도 이미 확산된 트라우마에 대한 강력한 반향을 보여 주었다. 그러나 이런 진술에 일차적 책임이 있는 사람들조차도 중년의 위기를 절대악으로 인식한 것은 아니다. 초창기의 엘리엇 자크는 중년의 위기를 변형과 창조적 재생의 개념과 결부시켰다. 그의 책은, '신경쇠약(Neurasthenia)'을 지식인 계층의 질환으로 규정하며 예술적 창작이 39세부터 급격히 위축된다는 사실에 주목한 조지 밀러 비어드(George Miller Beard)의 1881년 저서 『미국인의 신경증(American Nervousness)』을 수정한 것이었다. 자크와 마찬가지로 쉬히도 긍정적 변화의 가능성을 중년에서 찾았다. 그들 누구도 중년의 변화하는 상황과 대조적으로, 이 위기를 나이에서 촉발된 순수한 생리적 현상으로는 규정하지 않았다. 또한 그들 누구도 이 위기가 보편적이거나 또는 실체를 갖기 위해서 보편화되어야 한다고 생각지도 않았다. 요컨대 위기라고 하면 40세에서 60세 사이의 인구 중

어떡하죠, 마흔입니다

10퍼센트 정도에는 영향을 미쳐야 위기라고 간주할 가치가 있다.

중년의 위기가 갖는 사회과학적 운명이 많이 기울어진 점에도 의심의 여지가 없다. 그래서 최근의 학자들은 이 관념을 심리학적 사실로 받아들이기보다 도시 전설쯤으로, 유행하는 가공의 이야기 정도로 간주하기도 한다. 이 관념이 나중에까지 빛을 발하기 위해서는 스스로를 혁신하고, 심리학 속의 파트너를 떠나 새로운 행로를 개척할 필요가 있었다. 그리고 이 말은 그대로 현실이 되었다. 새로운 출발의 필요성 속에서 중년의 위기는 '행복(well-being) 경제학'이라는 새로운 경향과 맞닥뜨렸다.

인생은 마흔부터 시작이다

개발 경제학 부문의 변화를 의미하는 흥미로운 이야기가 있다. 각국 정부와 국제연합, 세계은행 등이 그동안 거의 절대적으로 활용해 온 국민총생산(GNP)이나 국내총생산(GDP) 지표에서 벗어나 더욱 다양한 척도에 관심을 보이고 있다는 소식이다. 여기서 그 이야기를 하려는 것은 아니다. 우리의 관점에서 가장 주목하는 것은 하버드대학교의 경제학자이자 철학자인 아마르티아 센(Amartya Sen)이 1980년대에 시행한 연구다. 이 연구는 유엔개발계획(UNDP)에서 인간 개발지수(HDI)를 도입하도록 이끌었다. 센은 재화를 측정하기보다 인간 잠재력의 척도라 할 수 있는 능력(capabilities)을 측정해야 한다고 주장했다. 이를 위해 적극적으로 도입한 것이 인간개발지수로서, 국내총생산에 기대수명과 교육 수준을 포괄하여 국가별 단일 지수로 산정하여 1990년에 처음 발표했다. 이후 20여 년 동안 광범위한 사회적 및 인구학적 맥락에서 일시적 행복 수준과 전반적인 삶의 만족도를 조사하는 등 행복 경제학의 연구 사례가 폭발적으로 늘어났다. 부(富)의 전유물이던 경제학 개념이 달라진 것이다.

특히 '중년의 위기'라는 관념의 운명을, 어쩌면 그 의미까지 뒤바꾼 연구 사례도 있다. 2008년 다트머스대학교의 데이비드 블랜치플라워(David Blanchflower)와 워릭대학교의 앤드루 오스왈드(Andrew Oswald) 두 경제학자가 「생애주기에서 행복은 U자형인가?」라는 제목의 논문을 발표했다. 그들은 다양한 연령층의 성인을 대상으로 이런 질문을 던졌다. "모든 것을 고려할 때, 요즘 당신의 삶은 전반적으로 얼마나 만족스럽습니까?" 설문 결과를 소득, 결혼 여부, 고용 여부에 비추어 분석한 두 사람은 연령별로 응답한 행복지수가 완만한 U자형을 그린다는 점을 발견했다. 즉 청년기의 고점에서

어떡하죠, 마흔입니다

출발하여 46세에 평균 최저점에 이른 후에 다시 상승하여 노년기에 고점으로 돌아가는 곡선이었다. 세계 72개 국가에서 이와 동일한 패턴을 보였다. 남성과 여성의 패턴도 유사했다. 회귀분석에서 부모의 스트레스 측면에서의 설명은 배제했다. U자형 곡선은 보편적이고 확고했으며 심리학적으로도 사실이었다. 43세가 되면 중년의 위기가 삶의 새로운 한 부분을 차지했다.

회의론이 생길 여지도 없지 않았다. 특히 하나의 단면도(斷面圖)로는 U자형 곡선이 연령과 그 부수 효과가 아니라 비슷한 시기에 태어나 비슷한 생애 경로를 살아가는 사람들에 의해 설명된다는 '코호트(cohort, 동세대(同世代)) 설명'을 반박할 수 없다. 예를 들어 1960년대 중년의 위기는 중년의 나이 그 자체로서 설명되는 것이 아니라, 그 나이에 도달하기까지의 경험을 아무 상관도 없는 반문화적 폭풍의 관점(1960년대에 주류 문화에 반대하거나 대립하던 사람들이 공유하던 문화적 관점 – 옮긴이)에서 설명된 것이라고 주장할 사람도 있을 것이다. 오늘날 중년의 위기도 점차 심화되는 불평등과 경기침체, 노동시장의 경색으로부터 영향을 받는다. 그만큼 사회적 맥락은 중요하다. 하지만 블랜치플라워와 오스왈드는 이 부분을 적절하게 바로잡았다. 즉 동일한 사람들을 매해 추적하는 종단 연구를 통해

U자형 곡선의 유효성을 입증했다. U자형 곡선의 근거는 출생 일자나 사회적 상황에서 비롯된 차이가 아니라 나이 듦에 따라 어떤 일이 벌어지느냐에 있다.

이와 비슷하게 2012년에 등장한 유인원 연구 사례에서도 매우 특이한 검증 사례를 찾을 수 있다. 연구원들이 동물원 사육사와 자원봉사자, 관리인 들을 대상으로, 모든 연령대를 포함한 침팬지 두 그룹과 오랑우탄 한 그룹의 기분과 사회적 만족도, 목표 성취도를 평가해 달라고 요청했다. 그리고 네 번째 요청은 반전이었다. "네 번째로 평가자들에게, 일주일 동안 피실험자가 된다면 유인원들이 과연 얼마나 행복해할지 평가해 달라고 요청했다." (아마도, 유인원의 몸으로 생각하느라 꽤 애를 먹었을 것이다!) 대답하기 어려운 질문들에도 불구하고 평가자들이 제시한 응답 자료에는 상당히 일관성이 있어서 단순히 주관적인 판단이 아니라는 것을 알 수 있었다. 유인원의 성별과 표본을 고려하여 분석한 영장류 학자들은 유인원들의 연령별 만족도 수준이 완만한 U자형 곡선을 그린다는 사실을 알아냈다.

미국 국립과학원 회보(PNAS)에 실린 이 연구 논문에서 가장 인상적인 부분은 바로 제목이었다. "유인원의 중년의 위기와 인간의 U자형 행복 곡선이 일치하는 증거." 이처럼 선언적인 수사가 『내셔널 지오그래픽』에서 BBC, 거의 모든 주요 신문에 이르기까지 언론에 대대적인 반향을 불러일으킨 것은 그리 놀랄 일도 아니다. "유인원에게도 중년이 있다." 이 새로운 해석에 비추어 볼 때, 중년의 위기는 옛 신화에서 빚어진 혼란스러운 불안감이 아니라 중년의 나이에 이르는 과정에서의 생활 만족도를 통해 예측할 수 있는 침체 현상이다.

이어지는 장들에서 중년의 위기를 묘사하는 방식도 이와 같다. 중년의 위기는 중년이라는 나이와 관련된 상대적 불만족의 과정이다. 동시에 U자형 곡선은 더욱 극심한 상황과 무관하지 않다. 만약 평균 생활 만족도가 46세에 가장 낮고 그 수준의 편차—이를테면 일정 비율은 평균보다 높고, 일정 비율은 평균보다 낮은 현상이—가 존재한다면, 우리는 그 나이에서 감성적 트라우마가 정점에 이를 것으로 예측할 수 있을 것이다. 블랜치플라워와 오스왈드가 발견한 부분도 이것이다. 영국의 노동인구 조사에서 드러난 우울증과 불안 증세의 발병률을 살펴보면, 발병 가능성이 45세 근처에서 정점을 이루며 10대보다 거의 네 배, 그 이후의 연령보다는 세 배 정도나 높은 수치를 보였다. 물론 대부분이 그 시기를 헤쳐 나가기는 하지만, 인생이 무너질 가능성이 중년에 이르러 급격히 높아지는 것은 분명한 사실이다.

U자형 곡선을 설명하기 위한 시도는, 가정이기는 하지만, 전통적 통념을 다시금 일깨운다. 가장 시사점이 있는 내용은 독일의 경제학자 하네스 슈완트(Hannes Schwandt)의 연구에서 찾을 수 있다. 그는 1991년부터 2004년까지 17세에서 85세 사이의 2만 3,000명을 추적한 종단 데이터를 연구했다. 피조사자들에게 현재의 전반적 생활 만족도 수준이 어느 정도이며 5년 이후에는 그 수준이 얼마나 상승하리라고 기대하는지 질문했다. 이 조사에서 슈완트는 젊은이들이 미래의 만족도를 과대평가하는 데 반해 중년들은 노년기를 과소평가하는 경향이 있음을 발견했다. 결국 중년의 만족도가 기대치보다 낮은 동시에 미래에 대한 희망이 옅어진다. U자형 곡선에서 최저점을 형성하는 것이다.

슈완트는 미래에 대한 낙관과 현재의 실망감을 연결함으로써, 경험적 생활 만족도가 당기 만족도의 지표임을 나타내는 수학적 모델을 제시했다. 그가 쓴 글의 한 부분이다. "이러한 발견이 대체적으로 시사하는 바는 이렇다. 직업 만족도(그리고 전반적인 생활 만족도)의 U자형 연령선은 충족되지 못한 열망 때문이며, 그로 인해 중년이 고통스럽게 느껴지더라도 노년기에는 그 열망이 사라지면서 회의감도 줄어든다." 그렇다면 행복의 열쇠는 이 기대치를 관리하는 데 달렸다고 할 수 있다. [당신이 아주 보잘것없는(?) 책을 읽고 있다고 느낄지도 모르겠다.]

슈완트의 해석은 자크와 쉬히, 레빈슨, 굴드와 맥을 같이하며, 마이더스 이전의 패러다임을 상기시킨다. 마치 만족스러운 절충안을 찾은 듯한 느낌이다. 하지만 모든 사람이 여기에 동의하는 것은 아니다. 이 동화 같은 U자형 곡선의 존재와 중요성에 대한 논란은 끊임없이 이어지고 있다. 수전 크라우스 화이트본은 500명의 성인을 대상으로 자체적인 연구를 벌였지만, 전반적 만족도에서 중년의 골짜기가 존재한다는 사실을 복제하는 데 실패했다. 화이트본은 두 가지 실험을 더 진행했다. 하나는 응답자들에게 현재의 삶이 얼마나 의미 있다고 느끼는지를, 그리고 다른 하나는 그 의미를 평소에 얼마나 추구해 왔는지를 평가해 달라는 것이었다. 의미 추구는 30대에서 40대, 50대, 60대로 갈수록 직선 형태로 감소한 반면에, 의미의 존재는 점차 증가하였다. 화이트본은 삶의 의미에 관한 한 나이가 들수록 긍정적이라고 주장했다.

중년의 위기도 그렇다. 나이가 쉰에 접어들면서 그 실체는 되살아나지만 전망은 불투명하다. 내가 마흔이 될 때처럼 말이다. 나는 아내와 아들이 있고, 두 권의 책과 20여 종의 출판물을 발표한 종신교수다. 나는 철학 교수라는 직종을 사랑하지만 그 열정은 10년 전만 못하다. 첫 출판물, 첫 강연, 첫 수업 날의 두근거림은 사라졌다. 지금 쓰고 있는 논문을 완성하면 발표할 것이고, 그다음에는 또 다른 논문을 쓰게 될 것이다. 지금 가르치고 있는 학생들도 언젠가 졸업하여 자리를 옮기면, 또 다른 학생들을 가르칠 것이다. 미래는 유리 터널과 같고, 나머지 삶은 어디가 되었든 여러 방면으로 흘러갈 것이다. 아들은 어른이 되고, 아내와 나는 늙어 갈 것이다. 내 몸은 삐걱거리고 처진다. 허리 통증은 이따금 찾아오는 방문자가 아니라 확실한 동반자이다. 그래서 스탠딩 데스크를 사용한다. 내 부모님은 잘 지내시지만 건강은 점점 불안하다. 나는 삶의 유한성을 느낀다. 햇수는 점점 늘어나고, 시간은 빨리도 흐른다.

더 나빠질 수도 있다. 내 일이 싫어지거나 해고당하거나, 아니면 둘 다일 수도 있다. 아내가 나를 떠나거나, 아니면 내가 떠나고 싶어 할지도 모른다. 학생들이 없어 공허해진 삶을, 혹은 아이들이 너무 들어차 버거워진 삶을 목도할 수도 있다. 빈곤과 기근, 전쟁 속에서 살아갈지도 모른다. 나는 내가 겪는 중년의 위기라는 호사를, 일말의 죄의식과 수치심과 더불어 인지하고 있다. 왜 가진 것에 더 많이 감사할 줄 모를까? 하지만 이것이 나의 삶이다. 나는 U자형 곡선의 깊은 곳에 서 있고, 도움이 필요하다. 어쩌면 당신도 그럴지 모르겠다.

이 책에서는 어떤 식으로든 그 도움을 선사하기 위해 노력한다. 이 책은 나 자신을 돕기 위한 시도이며, 내게 도움이 된다면 당신에게도 도움이 될 것이라는 희망으로 쓴 자기계발서이다. 이 책은 중년의 위기를 그 내면에서부터 접근한다. 그리고 "잘 아는 것을 쓴다"는 정신으로 철학적인 접근을 한다. 중년의 위기는 엘리엇 자크가 상상한 창조성의 두 번째 단계에 대한 준비가 되어 있을까? 결국 노년의 평온에 굴복하는 "비극적이고 철학적인 내용의 등장"에 대한 준비가 되어 있을까?

비극적이고 철학적인

지금까지의 간략사에서 보듯이, 중년을 연구하기 위한 모험은 여러 학문 분야를 넘나드는 일이 되었다. 의사, 사회과학자, 심리학자, 언론인 등이 여기에 관여했다. 다만 아직 철학자들의 모습이 보이지 않는다는 사실이 인상적이다. 2,500년 전 아테네에서 서양철학의 새벽이 열린 이후로 많은 이들이 행복과 좋은 삶을 주제로 깊은 성찰의 시간을 가져왔음에도 불구하고 말이다. 플라톤의 『국가론(Republic)』

은 최선의 삶 속에서 정의의 역할을 다룬 대화체 작품이다. 아리스토텔레스는 아들의 이름을 딴 『니코마코스 윤리학 (Nicomachean Ethics)』에서 좋은 삶이란 이성에 부합하는 덕행의 일종이라고 주장했다. 심리학자들은 아리스토텔레스가 행복 또는 인간적 성숙의 의미로 사용한 단어인 '에우다이모니아(eudaimonia)' 개념을 차용하여, '쾌락의 경험(또는 hedonic well-being(쾌락적 행복))'으로부터 '자아실현(또는 eudaimonic well-being(성숙한 행복))' 개념을 구분하였다. 그렇지만 이 작품에서 아리스토텔레스의 캐리커처는 쓸쓸하기만 하다. 그의 주장이 더 이상 다루어지지 않는 탓이다.

불평하려는 것은 아니다. 철학자들도 분명 중년의 위기를 이따금씩 경험했겠지만 이 문제—적어도 이름을 걸고—를 집중적으로 다룬 경우는 거의 없다. 그들도 U자형 골짜기로 들어섰으면서도 대부분 철학적인 접근에까지 이르지는 않았다. 〔예외로는 존경받을 만한 크리스토퍼 해밀턴(Christopher Hamilton)을 꼽을 수 있다. 자서전에 가까운 그의 인상적인 저서 『중년의 철학(Middle Age)』은 이 책에 영감을 불어넣어 준 명작 중 하나다.〕

중년의 위기에 대해 우리가 제기하는 의문들이 경험적인 것이고 또 삶의 가치와 의미와도 관련된다면, 왜 철학자들은 이를 무시하는 것일까? 나는 이런 현상이 우발적이라고는

어떡하죠, 마흔입니다

생각지 않는다. 서양철학이 일반적으로 나이 듦과 신체 노화라는 해묵은 주제에 대해 무관심하다는 점은 제쳐 두더라도, 중년을 이해하기 위해서는 그들이 다른 분야들에 발을 담가야 한다는 숙제를 떠안게 된다. 사회과학으로서의 철학은 마이더스를 비롯한 여러 사례에서 추구한 연구 방법론과 기초 개념에 대해 다루어야 할 것들이 많음에도 불구하고, 철학자들은 중년 체험의 경험적 연구에 특별한 전문성이 없다. 뿐만 아니라 중년 위기의 역사가 담겨 있는 곳, 즉 인종과 성별, 경제적 계층에 따라 다양한 사회적 및 인구학적 단면 속에서도 철학자들이 찾는 질문들은 하나같이 영속적이고 보편적으로 느껴지는 것들뿐이다. 플라톤과 아리스토텔레스는 이렇게 물었다. "무엇이 인간에게 최선의 삶인가?" 최고의 계몽철학자라고 할 수 있는 임마누엘 칸트는 『순수 이성 비판(Critique of Pure Reason)』에서 "공론적이든 경험적이든, 이성의 (…) 모든 관심은 (…)" 다음의 세 가지로 요약된다고 주장했다. "내가 무엇을 알 수 있는가?" "내가 무엇을 해야 하는가?" "내가 무언가를 기대해도 되는가?" 이 질문들의 공통점은 역설적이게도 일인칭 특성에서 나온다.

그러나 겉보기와 달리 이 질문들은 영속적이지 못하다. 역사적 시점이 달랐기에 이 질문들을 이해하는 방식도 제각기 달랐다고 말하려는 것이 아니다(사실은 그게 더 적절할 것이다). 내가 말하고 싶은 것은, 이 질문들이 특별한 시간적 관점을 가진다는 점이다. 칸트가 "내가 무엇을 해야 하는가?"라고 물었을 때 그의 방향성은 미래에 있고 앞을 바라보며 철학적 양상은 실용주의적이다. 아리스토텔레스가 "인간의 성숙이란 무엇인가?"라고 물었을 때, 그는 외면적 관점에서 완전한 삶을 돌아보는 상상을 한다. 인간에게 최선의 삶이 무엇인지를 묻는 질문은 삶을 포괄적으로 묻는 질문이다. 그래서 아리스토텔레스는 아테네의 정치가 솔론(Solon)의 "죽기 전까지는 누구도 행복하다고 단정하지 말라"는 말을 인용하며 이 정도로도 충분치 않을 수 있음을 우려한다. 죽음 이후에 일어날 일들은 당신이 이상적인 삶을 살았는지 여부와 관련이 없지 않다. "불쌍한 사람", 아무것도 제대로 남기지 못하고 떠난 사람을 보았을 때 우리는 이런 말을 한다. "보라고, 저 사람이 시작한 일들이 모두 어찌 되었는지."

무엇을 해야 하는지에 대한 전망형(prospective) 질문이든 아니면 좋은 삶에 대한 외면적이고 회고적(retrospective)인 질문이든, 중년의 어려움을 포착하지 못하는 것은 마찬가지다. 어느 것도 누구나 맞닥뜨리게 되는 의미 있는 과거와 의미 있는 미래를 모두 가진 삶 속에 본질적으로 자리 잡지 못한다. 중년에는 회고에도 한계가 있다. 중요한 어느 한 시절을 돌아볼 수는 있을지 몰라도 전부는 불가능하다. 중요한 것은 단순히 무엇을 할 것인가가 아니라 그동안 무엇을 했고 무엇을 못 했는지, 자신에 대해 어떻게 느끼고 어떻게 생각하는지에 있다. 중년의 시간성으로부터, 과거와 미래를 향한 우리의 다양한 방향성으로부터, 실현하지 못한 가능성이나 반(反)사실들과 우리의 관계로부터, 삶의 규모와 그 속을 채운 여러 사건들로부터 여러 가지 독특한 문제들이 생겨난다. 그러나 무엇을 해야 하는지, 이상적인 삶을 구성하는 것이 무엇인지 등의 단순한 질문으로는 이런 문제들을 가려 버릴 뿐이다. 나는 바로 이런 문제들을 논의하려 한다.

이 논의는 일종의 인지 요법이다. 철학이 중년을 도외시했음에도 불구하고 중년이란 나이를 조명하고, 가치의 병리학으로부터 우리를 자유롭게 하며 피할 수 있는 시점을 보여 주고 피할 수 없는 시점이라면 타협할 수 있도록 도와주는 철학적 통찰도 있다. 철학자들은 중년의 위기에 대해 배워야 할 것 못지않게 가르칠 것들도 많다. 내가 이런 관념들을 지향하는 과정은 개인적이고 자기 성찰적이다. 그 방법도 체계적인 사회과학의 방법론을 따르는 것이 아니라 생생한 경험에 대한 관조에서 나온다. 중년의 위기의 징후를 암시하는 문제들은 늘 나의 관심을 사로잡는다. 잃어버린 기회, 후회와 실패, 삶의 유한성과 그 속으로 이끄는 행위들의 질주에 대해 우리는 어떻게 생각해야 할까?

아주 보편적이지는 않더라도, 중년의 위기는 우리 삶 속에서 자주 눈에 띄는 일시적 특징들을 유발한다. 이를테면 가능성의 점진적 감소, 진행하던 일의 완수 또는 실패, 경력의 축적 같은 것들 말이다. 중년의 위기는 이 상황에 해당되는 다수 사람들이 처한 어려움에 과도하게 치중함으로써 방종의 냄새를 조금이나마 누그러뜨린다. 게일 쉬히는 "중년의 위기를 얻으려면 돈이 든다"고 했다. 그녀의 말이 완전히 틀린 건 아니다. U자형 곡선은 개발도상국보다는 북아메리카나 유럽에서 더욱 뚜렷하게 드러나는 것은 사실이다. 물론 이 책을 읽다 보면 당신을 자연스럽게 해시태그 #firstworldproblems(부자들의 '사치스러운 고민'을 풍자하는 내용의 해시태그 – 옮긴이)로 이끄는 순간도 더러 있겠지만, 그 주제에 대해서는 익히 공감이 갈 것이다. 우리는 잘 알려지지 않은 것, 반사실적인 것, 미래, 그리고 과거와 우리의 관계가 어디에서 기원하는지 추적할 것이다.

이 책을 읽다 보면 실망스러운 부분도 있을지 모른다. 내가 지식과 가치, 시간에 대한 추상적인 문제들에 관심이 많

어떡하죠, 마흔입니다

은 탓에 슈퍼카나 화려한 일들에 대해서는 별로 할 말이 없기 때문이다. 아예 없지는 않지만 6장에서 보듯이 그렇게 많지도 않다. 그 때문에 문제가 있다면, 나로서는 미안할 뿐이다. 또한 나는 중년의 위기의 사회적 구성 체계나 그것이 인종과 성별, 정치 상황과 어떻게 관련되는지에 대해서도 언급하지 않을 것이다. 철학자들이 이런 문제들에 흥미가 많을 수는 있겠지만 나의 주된 관심사는 아니다. U자형 곡선의 깊이와 모양 측면에서 중년의 경험의 세대별 및 지역별 차이가 있다는 사실에는 의심의 여지가 없지만, 정작 우리를 힘들게 할 문제들은 이런 것들과는 별 관련이 없다. 경험은 삶의 기본적인 조건에 따라 달라지기 마련이다.

그렇다면 이 책에서는 무엇을 기대해야 할까? 철학의 방법론은 성찰과 추론이므로 여기에는 분석과 주장도 있을 수 있다. 하지만 나는 철학 실험실에서 정립된 결과들을 보고하며 당신에게 그걸 믿어 달라고 요구하지는 않을 것이다. 그런 식으로 만들어진 결과물은 여기에 없다. 그 대신 초등학교에서 산수를 공부하는 학생처럼 나도 내가 연구한 내용을 보여 줄 것이다. 가끔은 우리가 추구하는 일련의 생각들이 한계에 부딪히더라도 더 나은 결과를 얻기 위해 노력할 것이다. 철학에 권위가 있다면, 그 권위는 정당한 설득에 의한 것이다. 정신요법에서와 마찬가지로 당신도 스스로 확신할 수 있는 것만을 받아들여야 한다. 차이가 있다면, 치료사가 철학자이고 환자는 중년으로 인한 가상의 희생양이라는 사실뿐이다. 사람들의 온전한 삶을 일구기 위해 나는 나만의 경험뿐 아니라 버지니아 울프(Virginia Woolf)에서 시몬 드 보부아르(Simone de Beauvoir)에 이르기까지 다양한 사례 연구를 인용할 것이다.

우리가 처음으로 주목할 대상은 개연성이 상당히 떨어지는 인물이다. 바로 빅토리아 시대의 사상가이며 사회운동가였던 존 스튜어트 밀(John Stuart Mill)이다. 한때의 서사이자 특이한 위기라 할 수 있는 그의 신경쇠약 문제를 파헤치면서, 나는 도덕철학과 이것을 자기계발에 적용하기 위한 방법론에 대해 소개할 것이다. 중년의 위기에 대해서도 사람들이 오해하는 것들까지 설명하며 그 의미를 분명히 하고, 위기의 다양한 유형을 진단하면서 그 첫 번째부터 다룬다. 밀의 삶은 결코 우리와 동떨어져 있지 않다. 그의 유령은 끝까지 우리를 따라다닐 것이다.

2

"열심히 살았는데
이게 다야?"

2

존 스튜어트 밀의 젊은 시절은 슬펐던 만큼이나 인상적이다. 1806년 밀은 스코틀랜드의 역사가이자 정치경제학자이며 철학자였던 제임스 밀(James Mill)의 아들로 태어났다. 제임스는 최초의 도덕적 공리주의자였던 제러미 벤덤(Jeremy Bentham)의 제자였다. 벤덤의 유명한 경구 중에 이런 말이 있다. "옳고 그름의 척도는 최대 다수의 최대 행복이다." 과거는 잊고 관습은 무시하자. 요컨대 사회제도는 그것이 영향을 미치는 사람들의 이해관계에 답할 수 있어야 한다. 우리를 행복하게 하지 못하는 것들은 반드시 바꿔야 한다.

제임스 밀은 1808년에 벤덤을 만나자마자 그에게 귀의했다. 아들 존 스튜어트는 아직 채 두 살이 되지 않은 때였다. 특별한 실험이 시작되는 순간이었다. '자선(charity)은 가정에서 시작된다'는 신조에 따라 제임스는 아들에게 '최대 다수의 최대 행복'을 지향한 교육을 설계했다. 세상을 변화시킬 사람으로 키우려 했다. 영국의 역사가 이사야 벌린(Isaiah Berlin)의 표현을 빌리면, 이 실험은 '끔찍한 성공'을 거두었다. 존 스튜어트 밀이 영국의 가장 영향력 있는 철학자이자 19세기의 공공지성으로 자리했다는 점에서 '성공적'이었지만, 그의 어린 시절이 외로움과 상실감으로 점철되었다는 점에서는 '끔찍했다'. 밀은 다른 아이들과 소통이 단절된 채로 자랐고 교육 속도는 놀랄 정도였다. 세 살에 그리스어를 배우기 시작했고, 일곱 살에 플라톤을 읽었으며, 여덟 살에는 라틴어를 배웠고, 열한 살에는 뉴턴의 『프린키피아(Principia)』를 읽었다. 10대 시절에는 논리학과 정치경제학, 심리학, 법학에 시간을 쏟았고, 열다섯 살에는 벤덤과 철학을 공부했다. 그러던 스무 살에, 이미 뛰어난 사상가로 성장한, 그 아버지의 아들 존 스튜어트 밀은 신경쇠약에 걸리고 만다.

중년의 위기를 다룬다는 책에서 밀을 논하는 것이 생뚱맞을 수도 있다. 밀이 자서전에서도 회고하듯이 그가 우울증으로 고통 받던 시절은 매우 젊은 나이였다. 그러나 많은 경우에서 그렇듯이, 밀도 이 문제에 관해 조숙했다. 밀의 위기

어떡하죠, 마흔입니다

가 어쩌면 당신의 모습일 수도 있다. 다른 점이 있다면, 꾸준한 철학적 성찰이 뒤따랐을 뿐이다. 밀은 자신의 신경쇠약과 회복 방법을 분석하려 노력했고, 이를 통해 도덕철학의 교훈을 이끌어 냈다. 이것이 내 접근 방식의 선례가 되었다.

이와 함께 나는 밀에게 일어났던 일들의 일부는 중년에 특정된 것이 아니라는 점도 인정한다. 밀의 고통을 해석하는 것은 철학 윤리를 배우는 단기 강습 사례와 같으며, 이것이 이 책 나머지 부분의 바탕을 이룬다. 우리는 행복의 본질과 행복의 추구에 대해 탐구할 것이다. 급격하게 허무주의로 빠져드는 것과 중년의 위기가 어떻게 다른지 대조할 것이다. 우리의 행위 속에 자리하는 다양한 유형의 가치에 대해서 분석할 것이며, 밀의 사례에서 우리와 공유할 수 있는 위기도 찾아볼 것이다. 우리의 유년기가 밀의 그것과 다를 수는 있다. 그러나 우리도 가정과 직장에서 해야만 했던 일들, 필요에 의해 소비했던 시간들 때문에 힘들어했다. 그리고 우리 자신에게 이렇게 물었다. "열심히 살았는데 이게 다야?" 앞으로 우리는 밀의 도움을 받아 이 물음과 싸울 것이다.

밀의 우울증 이야기가 위력을 지녔음에도 불구하고 시작은 그리 아름답지 못하다. 그는 분명함과 모호함 모두의 관점에서 자신의 슬픔을 써 내려간다.

누구나 이따금씩 그럴 때가 있듯이, 나도 신경쇠약에 빠져 있었다. 재미도, 쾌락적인 흥분도 느끼지 못했다. 다른 때 같으면 즐거웠을 법한데도 무미건조하고 무덤덤하게 느껴졌다. (…) 이런 마음 상태에서 나를 엄습한 의문이 있다. "당신 인생의 목표들이 모두 이루어졌다면, 당신이 갈구하던 제도와 여론의 변화가 지금 이 순간 완전하게 달성되었다면, 그렇다면 이런 것들이 당신에게 크나큰 쾌락과 행복이 되어 줄 것인가?" 그러자 억누를 수 없는 내 자의식이 분명하게 대답했다. "아니!"라고.

불가사의한 점은 '왜?'이다. 누군가의 가장 내밀한 욕망을, 누군가의 가장 심오한 야망을 달성한 사실이 왜 무덤덤한 일이 되어야 할까? 무엇이 잘못되었기 때문일까?

"꽤 많이…"라고 답할 사람도 있을지 모른다. 군림하는 아버지 때문에 직업의 방향마저 아버지의 지배를 받은 가엾은 밀! 그는 삶이 얼마나 자기 것이라고 느꼈을까? 자주성이나 진정성 같은 느낌은? 훗날 밀이 자치(自治)와 사상의 자유를 주제로 한 에세이 『자유론(On Liberty)』을 저술한 것은 그리 놀라운 일이 아니다.

그때에도 소외감과 절친한 인간관계의 부족, 친밀함을 향한 갈구 같은 것들이 있었다. 적어도 이런 관점에서 보자

어떡하죠, 마흔입니다

면 밀의 이야기는 행복한 결말로 이어진다. 1830년, 스물다섯의 나이에 밀은 평생의 연인인 해리엇 테일러를 만난다. 기혼녀였음에도 두 사람은 친구가 되었고 ―밀은 "내 인생에서 가장 소중한 우정"이라고 불렀다― 1851년에 테일러의 남편이 사망하자 밀은 청혼을 했고 그녀는 받아들였다. 밀은 자서전에서 해리엇 테일러를 실질적인 공동 집필자로 언급했다. "결혼 기간뿐 아니라 그 이전에 절친한 친구로 보낸 많은 시간 동안에도 내가 발표한 모든 글들은 ―『자유론』과 『여성의 종속(The Subjection of Women)』을 포함하여― 내 작품이자 그녀의 작품이기도 했다. 그녀의 지적 재능도 그랬지만, 무엇보다 그녀는 내가 살아오면서 만난 가장 고결하고 가장 균형 잡힌 사람으로서 도덕적 품격까지 동시에 보여 주었다." 두 사람이야말로 지적인 중년의 삶을 위대한 로맨스로 수놓은 사례이다.

하지만 그녀가 밀의 성장에 끼친―사소하면서도 끝이 없는―영향과 그녀와의 관계 덕분에 신경쇠약을 이겨 낼 수 있었다고 생각하거나 혹은 그 원인으로서 외로움을 지목하는 것은 아니다. 그는 부모로서 어려운 부분을 넌지시 꺼낸다. "우연히 장 프랑수아 마르몽텔(Jean-François Marmontel, 프랑스의 작가, 극작가 – 옮긴이)의 회고록을 읽고 있을 때였다. 희미한

불빛이 나의 어둠을 뚫고 들어오더니 그의 ―그 가정에서 가장 힘겨운 자리였던― 아버지의 죽음에 얽힌 대목을 비추었다. 그때 어린 소년에 불과했던 마르몽텔은 생각했다. 이제 그가 가족의 전부이고 가족들도 그렇게 생각하리란 것을, 가족이 잃은 그 자리를 자신이 채워야 한다는 것을….” 다시 말하지만 의사들의 자료와 밀의 자기진단은 거리가 있어 보인다. 대신에 그는 자신이 경험한 위기의 원인으로 두 가지를 제시한다. 두 가지 모두 유의할 필요가 있으며, 제각각 철학적 과거도 가지고 있다.

이기주의의 역설

밀은 정서가 안정되면서 생각에도 뚜렷한 두 가지 반전이 일어났다고 전한다. 첫 번째는 이렇다.

> 행복은 모든 행위 법칙과 삶의 결과를 가늠하는 시험대라고 믿는다. 이러한 나의 신념은 정말로 단 한 번도 흔들린 적이 없다. 그러나 이제 나는 이 결과가 직접적인 결과를 의도하지 않을 때 비로소 얻어진다고 생각한다. 자신의 행복보다는 다른 어떤 목표들을, 이를테면 타인들의 행복이나 인류의 발전, 심지어 일부의 예술이나 이상 같은 것들을 수단으로서가 아니라 그 자

체를 이상적 결과물로 추구하는 사람들만이 행복하다(고 생각하게 되었다). 결국은 다른 무언가에 마음을 쏟는 사람들이 그 과정에서 행복을 찾는 것이다.

이 대목에서 밀은 "이기주의의 역설(the paradox of egoism)"이라는 통찰을 보여 준다. 이기주의의 역사라는 관념의 역사를 살펴보려면 적어도 조지프 버틀러(Joseph Butler)가 런던의 롤스 채플 성당에서 설교하던 시절까지는 거슬러 올라가야 한다(설교 내용은 1726년에 책으로 출간되었다). 성공회 신부였던 버틀러 주교는 전적으로 자기만의 행복을 추구하는 이기주의야말로 그 목표 달성을 방해하고 논리적으로 불가능하게 만든다고 믿었다. 밀과 마찬가지로, 버틀러도 자신이 아닌 다른 무언가에 마음을 쓰는 것이 행복의 중요 요건이라고 생각했다. 그렇다고 반드시 이타적이어야 한다는 뜻은 아니다. 당신의 관심사가 야구나 철학일 수도 있고, 인류 전체가 아니라 당신의 친구나 가족 등 특별한 사람들일 수도 있다. 이렇게 무언가에 마음을 쏟는 것이 당신의 이익을 위한 수단이 되어서는 안 된다. 그 대상의 발전이 당신을 행복하게 만든다. 상처 받기 쉬움의 원천과 마찬가지로 행복의 원천도 점점 확대된다. 이것이 밀의 생각이었다.

나 역시 밀의 생각에 상당히 공감한다. 이것이 중년의 위기를 예방하는 첫 번째 법칙이다. 즉 "당신 자신보다는 다른 무언가에 마음을 써야 한다." 당신에게 중요한 것이 오로지 당신만의 행복뿐이라면, 철저하게 자기중심적이라면, 당신을 행복하게 해 줄 수 있는 것은 많지 않다. 만족이라고는 찾아보기 힘든 U자형 곡선의 바닥에서도 이것을 깊이 생각할 필요가 있다. 힘든 상황일수록 자신의 행복을 목표로 설정하여 더 강하게 갈구하게 마련이다. 하지만 역설적이게도 당신이 해야 할 일은 그 반대이다. 다른 무언가에 마음을 써야 한다. 이 조언을 즉각 실행에 옮기기는 어렵다. 아무런 관심도 없는 대상을 느닷없이 사랑하겠다고 마음먹을 수는 없는 노릇이기 때문이다. 그렇다고 전혀 쓸모없는 조언은 아니다. 앞으로 관심을 가질 만한 일에 스스로 몰입하도록 마음먹는 것은 얼마든지 가능하며, 이렇게 해서 당신은 서서히 달라진다. 누가 알겠는가? 중년에 들어 철학책을 읽는 것이 당신에게 새롭고 영속적인 열정을 불어넣어 줄는지? 이것은 나도 추천하는 방법이다. 물론 또 다른 관심사를 찾을 수도 있겠지만….

이기주의의 역설에 대해 곰곰이 생각해 보는 것 못지않게 또 하나 고민할 가치가 있는 것이 있다. 냉소적인 사람들을 멀리하는 것이다. 그들은 사심 없는 욕망이 얼마든지 가능하다는 사실을 부인한다. 조금의 머뭇거림도 없이 스스로를 솔직한 현실주의자라고 칭하는 이런 '심리학적 이기주의자들'은 사심 없는 행동—위태로운 상황에 처한 유물을 보호하기 위해 평생을 바친 남자, 자신이 누구인지 밝히지 않고 일면식도 없는 사람에게 콩팥을 기증한 여자 등—을 결국은 자신의 행복을 위한 은밀한 수단이라며 목청을 높인다. 그래야만 자신들이 관념적으로 부인하는 동기와 신념을 탓할 수 있기 때문이다. 그러나 대부분의 경우, 타인을 위해 생명의 위협까지 감수하는 사람들은 자신의 이익을 위해 이런 행동을 한다고 생각지 않는다. 심리학적 이기주의는 인간의 동기부여에 대한 일종의 음모론으로 보아도 거의 틀리지 않다. 대표적인 예가 밀 자신이다. 그는 사회 개혁을 향한 욕망을 결코 자신의 이익을 위한 계획이라고 생각하지 않았다. 오히려 그 노력이 성과를 거둘수록 자신의 입장이 어려워질 수 있다는 생각 속에서도 그는 고집을 굽히지 않았다. 절망의 한복판에서도 세상을 바꾸겠다거나 그 목표를 향해 매진하겠다는 의지를 꺾지 않았던 것이다.

그런데 여기에서 어려운 수수께끼가 등장한다. 이기주의의 역설에 대해 당신이 어떻게 생각하든, 이것이 밀의 상황에 어떻게 적용되었는지를 확인하기는 쉽지 않다. 그의 문제는 자신을 향한 지나친 헌신이 아니었다. 오히려 그 반대였다. 밀은 자신의 삶만큼이나 다른 사람들의 삶도 중요하다는 생각으로 최대 다수의 최대 행복을 바랐을 뿐이다. 그가 역설의 교훈을 배울 필요는 없었다. 그런데도 위기가 찾아왔다. 밀의 첫 번째 진단은 그 자체로는 흥미롭지만 어떻든 과녁을 벗어난 셈이다.

역설적일 수도 있지만, 밀의 신경쇠약이 이기주의의 역설이 아니라 이른바 이타주의의 역설과 관련이 있지 않을까 하는 의심도 지우기 어렵다. 내가 말하고 싶은 것은, 이타적인 행위가 도대체 어떻게 가능한지를 이해하는 데 대한 세간의 역설이 아니라 재키 로빈슨(Jackie Robinson, 미국 메이저리그 최초의 흑인 선수-옮긴이)의 경구 속에 함축되어 있는 알려지지 않은 역설이다. "삶에서 중요한 것은 다른 사람들에게 끼치는 영향이다." 젊은 밀도 아마 이 말에 공감했을 것이다. 하지만 이 발상은 근본적으로 모순이다.

왜 모순인지를 확인하기 위해서는 도덕철학에서 궁극적 가치(final value)와 수단적 가치(instrumental value)의 차이부터 살펴볼 필요가 있다. 수단적 가치란 돈을 버는 일과 의사를 찾는 일의 가치처럼 궁극적이고 최종적인 결과를 얻기 위해 무언가가 지닌 수단으로서 가치를 말한다. 실행할 가치는 분명히 있지만, 그 이유는 돈을 벌거나 치아를 치료하는 것의 결과가 그리지 않았을 때보다는 낫기 때문이다. 반면에 궁극적 가치란, 단순한 수단으로서가 아니라 궁극적인 결과로서, 실행하거나 그 자체를 보유할 가치가 있다. 궁극적 가치는 비수단적 가치이다. 벤덤의 공리주의자들에게 행복의 가치는 그것의 영향과 상관없이 그 자체로서 선(善)이다.

로빈슨의 견해를 따르자면 우리가 행하는 모든 것의 가치는 수단적일 뿐이다. 그 가치가 오로지 타인에게 미치는 영향에 좌우되기 때문이다. 그렇다면 그 사람들의 나머지 삶이나 행위들에는 어떤 가치가 있다는 말일까? 그조차도 수단적이라면 그 가치는 타인에게 끼친 영향의 가치에 달렸다는 뜻이고, 그 영향의 가치는 또다시 타인에게 끼친 영향으로 재단하고, 또다시 그 영향에 달린…. 이렇게 영구적으로 반복될 것이다. 아리스토텔레스가 『니코마코스 윤리학』의 도입부에서 역설했듯이, 가치의 해석이 항상 수단적이라면 "그 과정은 무한히 지속될 것이며, 그리하여 (…) 욕망이란 공허하고 헛되기 마련이다"라고 하였다. 인간의 삶은 주변에 끼치는 영향과 상관없이 그 자체로서 중요하다는 것, 이것이 이타주의적 측면에서 의미다. 다른 행위들도 가치가 있을 때 비로소 타인을 위한 행위도 가치가 있다. 따라서 로빈슨의 말대로 새로운 역설을 만들자면 이렇다. "이타주의가 유일하게 중요하다면, 결국 아무것도 중요치 않다. 따라서 인생은 살아갈 가치가 없다."

내가 로빈슨에게 너무 불공평한 것일까? 그럴지도 모른다. 차라리 그가 인생에서 무엇이 중요한지보다 그 중요함을 구성하는 특별한 유형의 가치에 대해 지적한 것이었다면 어땠을까? 그랬다면 어떤 역설도 등장하지 않았을 것이다. 그러나 다른 무언가의 가치를 가릴 정도로 이타주의를 남용하는 것을 우려하는 사람은 나뿐이 아니다. 위스턴 H. 오든(W. H. Auden, 미국의 시인 - 옮긴이)은 이런 말을 했다. "시인의 자만은 누구에게도 지지 않는다. 사회사업가의 그것만 빼고는. '우리가 이 세상에 태어난 이유는 타인을 돕기 위해서지요. 다른 사람들은 도대체 왜 여기 있는 거죠? 알 수가 없네.'"(오든은 '유쾌함의 전도사'로 불리던 코미디언 존 포스터 홀에게서 이 우스갯소리를 배웠다. 홀은 1920년대부터 이 이야기로 사람들을 웃겼다고 한다.) 밀의 성장이 정체된 데는 이타적인 노력의 실재적 목적조차 희석시켜 버린 자기 부정의 영향 탓이라고 추정하더라도 완전히 틀린 생각은 아닐 것이다. 시인 오든의 관점에서 밀은 사회사업가였던 셈이다.

하지만 나는 이타주의의 역설로 밀의 곤경을 정확히 설명할 수 있다고는 생각지 않는다. 인간의 욕망을 충족시키는 일의 궁극적 가치에 대해 밀이 의심했다는 근거는 어디에도 없다. 사회 개혁의 한 가지 목표는 인간이 경험하는 고통의 강도를 낮추는 데 있다. 그 영향과 상관없이 이 목표를 달성하는 것 자체가 가치 있는 일이다. 사회사업가의 일들도 수단적 가치 이상의 의미가 있다.

밀이 이타주의의 역설을 피해갔다면, 우리는 어떨까? 나는 당신의 성향을 추측하고 싶지 않고 비방할 생각도 없지만, 중년의 위기가 열광적인 이타주의에서 오는 것이 아니라는 사실만큼은 분명하다. 허무주의도 마찬가지다. 빠듯한 여건에서도 사랑하는 사람을 돌보고, 나의 일을 가능한 한 깔끔하게 처리하고, 무엇이든 올바르게 하고, 책임을 지고, 도움을 주고, 해를 끼치지는 않으려는 이유가 있는 법이다. 세상에는 여전히 가치가 존재한다.

반발이 생각보다 심할 수도 있다. 레프 톨스토이(Leo Tolstoy)는 저서 『참회록(A Confession)』에서 '톨스토이의 위기'라 불리던 때를 회고하며 야망의 달성과 관련하여 밀을 혼란에 빠뜨렸던 의문과 유사한 질문을 던진다. "그래요, 좋아요, 그럼 당신은 고골리나 푸시킨, 셰익스피어, 몰리에르보다도 더 유명한, 이 세상 어떤 작가들보다도 유명한 사람이 되겠네요. 그래서 어쩌라고요?" 그에게도 답은 없었다. 톨스토이의 인생에서 쇠락의 소용돌이는 밀보다 한참 늦은 쉰 가까이에 찾아왔고 그 깊이도 훨씬 깊었다. "삶이 정지해 버렸다. 숨 쉬고, 먹고, 마시고, 잠잘 수는 있었지만 숨 쉬고, 먹고, 마시고, 잠자는 것밖에 할 수가 없었다. 내 속에 삶이란 없었다. 실현할 값어치가 있을 정도의 만족을 줄 만한 욕망이 내게는 없었기 때문이다." 어떤 것도 할 만한 가치가 없다는 것, 물론 삶을 그렇게 느낄 수도 있다. 하지만 밀이 느끼는 방식은 이와 달랐다. 내 경험도 이와 다르며, 당신도 그러기를 바란다.

중년에 경험하는 독특한 위기는 근거나 가치에 대한 일반적인 회의감 때문이 아니며, 너무도 뿌리 깊은 철학적 불신으로 인해 삶의 모습에 아무런 기여도 하지 못해서도 아니다. 이런 것들은 포괄적인 허무주의를 양산하기보다는 자신과 세계에 대해 이해하기 어려운 관념들을 만들어 낼 뿐이다. 철학적인 해답을 찾기 어려운 이유도 그 때문이다. 중년의 위기에서 오는 공허함을 다른 종류의 공허함들, 이를테면 무언가를 실행할 근거를 찾지 못하거나 특정 결과가 다른 것보다 나은 근거를 찾지 못할 때 등의 불특정한 공허함과 구분하는 것은 철학의 문제이다. 궁극적 가치가 존재한다면, 도

대체 우리 삶에서 사라진 것은 무엇일까? 이 질문에 답을 구하려면 가치의 차별화가 필요하다. 수단과 결과의 차이를 매우 세밀하고, 매우 까다로우며, 매우 통렬하게 규명하는 것처럼 말이다. 중년의 철학적 자화상을 그려 내려면 윤리적 개념을 세밀하게 구분한 팔레트가 필요하다. 중년의 위기는 이처럼 개념을 세분화함으로써, 부분적으로는 설명이 가능할 것이다.

그렇다면 밀에게는 무엇이 잘못되었던 것일까? 무자비한 이기심이나 아무것도 중요치 않다는 결론 탓이 아니다. 이타주의의 역설에는 여전히 무언가가 있다. 사회 개혁을 향한 밀의 지나친 관심 때문에 자신의 행복 관념에 공허함이, 당신을 포함한 어느 누구도 그 영향에서 자유로울 수 없는 그런 공허함이 생겨났다는 생각에도 일리가 있다. 밀 자신도 이런 생각을 믿게 된다. 근거를 찾기 위해 우리는 밀이 생각하는 두 번째 역설에 대해, 그리고 조용하고 눈에 띄지 않는 아리스토텔레스의 메아리처럼 들리는 밀의 신경쇠약 진단에 대해 비판적인 눈을 가질 필요가 있다.

자신을 불멸의 존재로 만들라

밀의 관점에서 지칭한 "다른 중요한 변화"란 "인간 행복의 주요 필요조건들 가운데 처음으로 그가 개인의 내면 문화에 적절한 지위를 부여했다"는 뜻이었다. 다시 말해 음악, 시, 미술 등 예술을 감상할 때 인간이 느끼는 정서의 표현과 순화를 의미했다.

밀의 저작물이 지닌 미학적 장점에 대해서는 회의론도 없지 않다. 같은 빅토리아 시대의 인물이며 밀이 이기주의의 역설의 공로자로 간주했던 토머스 칼라일(Thomas Carlyle, 영국의 역사가 및 비평가 - 옮긴이)은 1872년에 한 친구에게 이렇게 충고했다. "밀의 자서전을 잃어버렸다면 아무것도 잃지 않은 걸세. 난 그만큼 지루한 책을 본 적이 없거든…. 증기기관차의 자서전 같다고나 할까…" 그러나 밀이 정신적 위기를 겪은 2년 뒤에 윌리엄 워즈워스의 시를 읽고 남긴 글에 마음이 끌리지 않을 사람은 드물 것이다.

> 워즈워스의 시가 내 심리 상태의 치료제가 될 수 있었던 것은 그 시들이 단순히 외면의 아름다움을 표현해서가 아니라, 아름다움의 자극 속에서 정서 상태와 정서가 수놓는 생각들을 표현했기 때문이다. 내가 추구하던 바로 그 정서 문화처럼 보였다. 그 속에서 나는 모든 인류가 공유할 수 있는 내면의 기쁨, 공감과 상상에서 오는 쾌락의 원천을 끌어낼 수 있었던 것 같다. 갈

어떡하죠, 마흔입니다

등이나 결점 같은 것과는 아무 관련이 없으며, 인류의 물질적 또는 사회적 여건들을 개선함으로써 더욱 풍요로워지는 쾌락의 원천 말이다. 그로부터 나는 행복의 영구적인 원천이 무엇이고, 언제쯤이면 인생의 거대한 폐해들을 제거할 수 있는지도 배운 듯하다. 그리고 이런 영향을 받으면서 내 상태도 곧바로 호전되며 행복해졌다.

워즈워스의 시 중에서도 특히 밀을 사로잡은 것은 「송시(頌詩): 유년 시절의 기억에서 불멸의 암시」라는 작품이었다. 밀은 워즈워스의 경험을 자신과 비교하기도 했다. "그 역시 유년 시절의 기쁨이 가져다주는 생생한 첫 느낌이 지속될 수는 없다고 느꼈다. 그러나 (…) 그는 그 보상을 추구했고 결국은 찾아냈다. 그리고 동일한 방식으로 지금 내게 그 보상을 찾도록 가르치고 있다. 그 결과, 나는 비록 더디긴 했지만 완전하게 습관성 우울증에서 벗어났고 다시는 같은 처지에 빠지지 않았다."

이 모두가 당신에게 어떤 의미가 있든 나는 밀의 회복을 시기하지는 않는다. 다만 비교해 볼 필요는 있다. 만약 워즈워스가 "쾌락과 자유, 유년기의 단순한 신념"과 같은 표현으로 유년기를 찬양한다면, 그가 생각하는 유년기는 밀과 같지 않으리라! 중요한 것은 두 사람의 삶이 닮았다는 점이 아니라 이 자연시가 밀에게는 특별한 가치, 즉 송시의 마지막 연에 담긴 정서의 원천이라는 점이다.

우리를 살아가게 하는 인정 덕분에

그 온화함과 기쁨, 두려움 덕분에

내게는 아무리 보잘것없이 피는 꽃이라도

이따금씩 눈물조차 닿지 못할 심오한 상념들을 전해 준다.

물론 사람들은 워즈워스의 시에 대해서도 불평한다. 밀은 "우리의 시대에도 더 훌륭한 시인들은 있다"고 시인한다. 밀에게 워즈워스는 '범속한 자연을 노래한 시인'이었다. 동시에 그는 주장한다. "심오하고 고상한 정서를 담은 시는 그 당시의 내게는 아무런 의미가 없었을 것이다"라고. 워즈워스를 통해 밀은 "고요한 사색 속에서 실제적이고 영구적인 행복"을 느꼈다. 밀의 범속한 자연에서는 이것이 하나의 계시처럼 다가왔다.

그렇다면 밀은 예술의 가치에 대해 정확히 무엇을 배웠고, 그것이 중년의 불안감에 사로잡혀 있을 수도 있는 우리들에게 무엇을 해 줄 수 있을까? 이 질문들에 해답을 얻으려

어떡하죠, 마흔입니다

면 조금 더 먼 과거로, 고요한 사색의 절대적 지존이라 할 수 있는 고대 그리스의 철학자 아리스토텔레스에게까지 거슬러 올라갈 필요가 있다. 아리스토텔레스 식 도구로 무장한다면 중년의 위기를 예방하기 위한 두 번째 법칙을 우리가 만들 수 있을 것이다.

기원전 384년에서 322년까지 살다 간 아리스토텔레스는 아테네에 있던 플라톤 아카데미의 학생이었다. 플라톤은 그에게 정신 또는 지성을 의미하는 '누스(noûs)'라는 별명을 장난스럽게 붙여 주었다. 아리스토텔레스 식 사고에서는 정신의 세계가 독특한 역할을 한다. 앞서 두 번 언급한 강의록집인 『니코마코스 윤리학』에서 혼란스러운 부분은, 그들이 용기와 절제, 정의 같은 실천 미덕을 주제로 9개의 '책' 또는 장(章)을 할애하고도 결국 '10권'에서는 순수 이성을 위해 실천적 삶의 가치를 폄하하고 있다는 사실이다. 수세대에 걸쳐 독자들은 이 모순적인 사실에 혼란스러워했고 다수의 번역가들도 그 내용을 적당히 둘러대기에 급급했다.

흥미로운 것은, 실천 미덕을 추구하는 삶에서 오는 불만족에 대해 아리스토텔레스가 내세우는 근거와 밀이 정서 문화에 의지하게 된 근거가 매우 흡사하다는 점이다.

요즘 실천 미덕을 추구하는 행위는 정치 활동이나 군사 활동에서 볼 수 있지만, 이와 연관된 행위들이 한가롭게 보이지는 않는다. 전쟁 같은 행위가 특히 그렇다(누구도 전쟁에 참여하고 싶어 하거나, 전쟁을 위해 전쟁을 일으키고 싶어 하지는 않기 때문이다. 그리고 전쟁과 살육을 위해 친구를 적으로 만들려는 사람은 극도로 잔인하게 보이기 마련이다). 정치가들의 행위도 한가롭지 않기는 마찬가지며, 그들의 행동은 정치 행위 자체를 뛰어넘어 전제적인 권력이나 명예를 목표로 하거나 또는 자신과 일반 시민들의 행복을 ―정치 행위와는 다른, 명백히 다르다고 간주되는 행복을― 목표로 한다.

밀과 마찬가지로 아리스토텔레스도 실천 미덕을 추구하는 행위들을 ―전쟁에 맞서고, 정치에 참여하고, 사회 개혁에 헌신하는 등의 행위들을― 떠받치는 근간이 "경쟁과 결핍"이 되지는 않을까 우려했다. 그 가치는 이런 행위들이 해결하려는 문제나 어려움, 필요 등의 존재 여부에 달렸다. 이상적인 사회에서는 이런 행위를 할 이유가 없다. 용감하게 전쟁에 나설 기회를 만들기 위해 친구를 적으로 돌리는 것은 정신 나간 짓이다. 같은 경우로, 밀도 아마 동의했겠지만, 밀과 같은 사회 개혁가들에게 일거리를 만들어 주기 위해 인간의 고통을 장려하는 것 또한 정상은 아니다.

아리스토텔레스는 정치의 성과물에 궁극적 가치가 담겨 있다고 확신한다. "정치의 성과는 그 자체로서뿐 아니라 또 다른 것, 즉 정치 행위와는 구분되는 —명백히 다르다고 생각되는— 행복이라는 측면에서도 바람직하다." 그는 '좋은 삶'을 치과 치료나 재빠른 경제적 성공처럼 단순히 수단적인 측면에서 고찰하고자 논문을 아홉 권씩이나 쓴 게 아니다. 그에게 정치 행위의 가치는 개량적 의미이며, 불의나 고통, 전쟁 등에 저항함으로써 나쁜 무언가를 소멸시키는 이중 부정적인 가치를 지닌다. 필요가 없고, 부서져서 고칠 것도 없으며, 치료할 상처도 없는 세상이 더 좋은 것은 당연하다. 아리스토텔레스의 입장에서는 이상적인 삶에서 왜 이것이 결여되어 있는지가 실천 미덕의 한계이자 약점이다. 그리고 밀의 입장에서는 —사회사업과 정치 개혁처럼— 그 목적이, 우리에게 차라리 없는 편이 나은 조건인 "경쟁이나 불완전함"에 근거한다.

정치에서는 해로움을 완화하는 차원을 뛰어넘는 한층 실재적인 비전의 여지가 존재할까? 정치가들이 예술을, 기초 과학을, 또는 철학 그 자체를 후원할 수 있을까? 어쩌면 그럴지도 모른다. 하지만 아리스토텔레스는 불평할 것이다. 우리가 국가로부터 어떤 도움을 받든, 그래야 할 필요 자체가 없는 편이 더 나을 테니 말이다. 또한 정치학 이론을 수정하더라도 정치가들이 반드시 지지해야 할 활동을 알려 주지는 않는다.

여기에서 사색이 필요하다. 아리스토텔레스에게 사색이란 현실에 이론을 적용하거나 이론상의 수수께끼를 해결한다는 의미가 아니다. 우리가 이미 갖고 있는 해답을 성찰한다는 뜻이다. "사색하는 행위 자체만으로도 사랑받을 수 있을 것이다." 그가 쓴 글의 한 대목이다. "실천적 활동에서는 그 활동을 통해 무언가를 조금이나마 얻을 수 있지만, 사색 없이는 아무것도 얻을 수 없기 때문이다." 아리스토텔레스의 용어로 표현하자면 사색적인 삶이란 "조건 없는 궁극 그 자체"이며 "다른 무언가와는 전혀 상관없이, 그 자체로서 바람직한 것"이다. 황당하게 들릴지도 모른다. 쓸모없는 것을 위해 사색하더라도 상을 줘야 한다는 말일까? 무엇이 그리 대단하단 말인가? 그러나 아리스토텔레스에게 중요한 것은 사색의 목적이 없다는 점이 아니라 그 활동의 가치가 매우 실재적이라는 사실이다. 사색은 어려움이나 불완전함, 고통, 경쟁 같은 것에 휩쓸리지 않으면서도 놀라운 효과를 발휘한다. 따라서 불의나 손해를 예방하기 위해 필요한 활동이 아니라

어떡하죠, 마흔입니다

이상적인 세계에서조차도 이따금씩 원하게 되는 활동이다. 정치 활동과 달리 사색은 한가롭다. "(그리고) 행복은 한가로움에서 오는 것으로 생각된다. 왜냐하면 우리가 바쁜 이유는 어찌 보면 여가를 얻기 위해서이고, 전쟁을 치르는 것도 어찌 보면 평화롭게 살기 위해서이기 때문이다."

아리스토텔레스라는 이름을 언급하지는 않았지만 밀도 분명히 윤리학을 읽었을 것이며, 특히 열 살 때는 그리스 윤리학에도 관심을 가졌을 것이다. 밀을 혼란스럽게 했던 의문은 ―"내가 추구하는 개혁이 즉각 실현된다면 어떤 느낌이 들까?"― 사색의 개량적 가치와 실재적 가치 사이에서 아리스토텔레스학파적 대비를 연상시킨다. 불의가 완전히 근절되고 인간의 고통이 완전히 사라진다면, 그 뒤에 우리가 해야 할 일은 무엇일까? 신경쇠약에 걸리기 전만 해도 밀은 이런 생각조차 하지 않았다. 그의 활동에는 궁극적 가치가 있었지만 그 활동들이 '조건 없는 궁극'은 아니었다. 말하자면 인간의 안타까운 욕망이었다.

하지만 위기가 시작되면서 상황은 달라졌다. 밀은 시(詩) 속에서 "경쟁이나 불완전함과 전혀 관련 없는 내면의 쾌락의 원천"을 찾아냈다. 그 쾌락은 힘들게 극복해 낸 무언가가 아니라, "삶의 커다란 해악들이 모두 제거되었을 때에도 영원히 이어질 행복의 원천"일 터였다. 밀이 겪은 청년 시절의 문제는 그의 활동이 인간이 느끼는 고통의 규모를 줄이는 것을 빼면 다른 가치를 찾을 수 없다는 데 있었다. 우리가 희망하는 최선의 덕목이 고통 받지 않는 것이고 실재적으로 나쁘지 않은 삶을 사는 것이라면, 왜 그렇게 끙끙대며 살아야 할까? 가치란 것이 항상 개량적이라면 가치 그 자체를 단순한 수단이 아닌 결과물로 고려할 수도 있고, 그렇게 되면 삶은 그다지 살아갈 가치가 없는 것이 되고 만다. 따라서 태어나지 않는 편이 더 나을 수도 있다.

내가 그렇듯이 당신도 광적으로 이타적인 사람은 아닐 것이다. 또한 당신은 아테네의 정치가도 아니다. 그러나 현대의 삶에는 아리스토텔레스와 존 스튜어트 밀 모두를 혼란스럽게 만드는 약점이 있다. 현대의 삶은 바라는 것들로, 지불해야 할 청구서로, 먹여 살려야 할 입들로, 해결해야 할 문제들로 가득한, 즉 "경쟁과 결핍"으로 가득할 수도 있기 때문이다. 오로지 잠자는 시간만을 고대하던 때를 떠올려 보자. 육아로부터, 직장에서 급한 불을 끄고서, 인간관계를 유지하기 위해 아옹다옹한 이후에 찾아오는 휴식. 물론 이런 일들이 중요하지 않다는 뜻은 아니니 오해는 하지 말았으면 좋겠다. 이런 활동의 가치가 궁극적일 수도 있지만, 근본적으로 개량적

어떡하죠, 마흔입니다

이기도 하다. 해야 할 일들로 가득한 일상에 사로잡혀 하루하루를 살다 보면, 필요 여부를 떠나 당신이 바라는 일에 쏟을 시간을 갖지 못할 수도 있다. 밀과 비슷한 시대를 살았던 독일의 철학자 아르투르 쇼펜하우어(Arthur Schopenhauer)의 표현을 빌린다.

> 일, 걱정, 고생, 곤경은 거의 모든 사람들에게 평생에 걸쳐 따라다니는 운명 같은 것들이다. 그렇지만 모든 욕망이 생기는 대로 곧바로 충족된다면 인간은 자신의 삶을 무엇으로 채울 수 있을까? 그 시간들을 어떻게 보내야 할까?

무언가 잘못되지 않도록 예방하거나 잘못된 것을 바로잡는 경우를 제외하고, 어떤 일이 가치 있는지 혼란스러울 때 우리는 스스로에게 이 질문을 던지게 된다. 표현만 다를 뿐 밀의 의문과 같다. "일, 걱정, 고생, 곤경." 분명 피할 수 없다. 하지만 그게 다일까?

이런 식의 위기는 생겼다 사라졌다 하며 번갈아 다가온다. 당신의 삶은 더러 개량적인 일을 위해, 더러는 필요를 충족시키기 위해 소비될 수도 있다. 한 줌이라도 숨 쉴 수 있는 여유가 생길 수도 있다. 또는 자식이 장성하는 등 시간에 따른 욕망이 스러질 때쯤 위기가 찾아와 공허함을 안겨 줄 수도 있다. 별달리 해야 할 일도 많지 않지만, 당신에게 남은 시간 동안 꼭 이루어야 할 일도 거의 없다.

이것이 중년의 위기의 한 단면이다. 밀의 신경쇠약과는 달리 이것은 허무주의와 거리가 있다. 세상에서 비롯되는 가치의 부재 때문이 아니라 끊임없는 일의 필요성을 의미한다. 이루어야 할 일이란 그만큼 실행할 가치가 있다는 뜻이다. 그러나 무언가가 빠져 있다. 무엇이 사라졌는지를 설명하려면 궁극적 가치를 지닌 행위들 사이에서도 개량적인 것과 '단순히 개량적인 것만이 아닌 것'을 구분할 필요가 있다.

이해하기 힘든 용어를 즐겨 사용하는 철학자들도 이 차이를 표현할 전문용어를 만들지는 못했다. 내가 장황하게 완곡한 표현을 사용하게 된 이유도 그 때문이다. ('단순히 개량적인 것만이 아닌 것(not just ameliorative)'이란 표현은 단순히 좋지 않은 무언가를 예방하거나 없애는 것이 아니라 삼중 부정의 의미를 갖는다.) 그것이 내 잘못은 아니다. 우리가 아리스토텔레스와 밀에게서 이끌어 낸 차이를 도덕철학에서는 무시해 왔다. 우리에게는 '단순히 개량적인 것만이 아닌 것'이라는 의미의 용어가 필요하다. 이것이 삶을 단순히 더할 나위 없는 삶이 아니라 실재적으로 좋은 삶으로 만들 수 있고, 그리하여 왜 삶을 살아갈 가치가 있

어떡하죠, 마흔입니다

는지를 설명할 수 있기 때문에, 나는 이런 가치에 대해 '실존적(existential)'이라는 표현을 사용한다. 여기서 두 번째 법칙을 정리한다. "일에서, 인간관계에서, 여가 시간에도, 당신은 실존적 가치를 지닌 행위의 여지를 만들어야 한다."

　너무 거창하게 들릴지도 모른다. 특히 실존적 가치에 대해 우리가 제시하는 대표적인 예가 고요한 사색의 가치라고 한다면 더더욱 그럴 것이다. 워즈워스의 시를 읽는다고 해서, 아리스토텔레스와 함께 세상의 이성적 질서를 성찰한다고 해서, 이것이 비난받을 일일까? 그렇지는 않을 것이다. 실존적 가치는 좀 더 다양하고 현실적이기 때문이다. 밀과 아리스토텔레스 모두 '사색'을 활용했지만 그들의 생각은 서로 달랐다. 아리스토텔레스 식 사색은 과학적 탐구의 완성을 통해 가능해진 이해의 실행 과정이다. 즉 우주의 구조를 궁극적 대의로서의 신(神)과 더불어 성찰하는 것이었다. 반면에 밀은 시적(詩的)인 감상을, 더 일반적인 표현으로는 예술에 대해 생각했다. (아리스토텔레스가 윤리를 주제로 한 집필에서 '예술적 사색'을 언급한 경우는 한 번뿐이었다.) 이러한 행위들의 공통점은 비개량적 가치에 있다. 일단 이 가치에 눈을 뜨면 문을 열고 들어가 실존적 가치를 지닌 또 다른 행위에 다가갈 수 있다. 여기서 주목할 점은 이런 행위들이 인생의 부정적 속성과는 거리를 둔다는 점이다. 그 예는 철학과 고급 예술에서 재미있는 이야기하기, 대중음악 듣기, 수영이나 항해하기, 가족이나 친구와 게임하기 등에 이르기까지 다양하다. 이런 행위들이 삶의 어려움에 반응할 수도 있고, 고통으로부터 주의를 전환시키거나 그 시간을 그저 지나치도록 해 줄 수도 있다. 그러나 각각의 행위는 경쟁과 불완전함과는 관련이 없는 "내면의 쾌락의 원천"이며 "삶의 커다란 해악들이 제거되었을 때에도 영원히 이어질 행복의 원천"이다.

그렇다면 우리는 숭고함에서 평범함으로 돌아선 것일까? 신과 자연을 향한 사색에서 새롭고 즐거운 취미를 갖는 것으로? 그럴까, 아닐까?

그렇지 않다. 실존적 가치를 지닌 것을 단순히 취미로만 볼 수는 없기 때문이다. 직장에서든 인간관계에서든 실존적 가치를 찾아낼 수 있다. 나는 실존적 가치를 지닌 행위를, 즉 그런 생각을 하고 글을 쓴다는 이유로 보수를 받는 억세게 운 좋은 직업을 가진 사람이다. (나는 이 책을 통해 인간이 지닌 고통의 크기를 줄일 기회가 있을 것으로 예상한다. 그러나 장담할 수는 없으며, 독자들이 나의 다른 책들을 통해 이런 이야기를 하기는 어려우리라는 점은 분명하다.) 다른 직업들은 물질이든 아니든 무언가를 만드는 데 기여한다. 아리스토텔레스는 이런 무언가의 가치가 실존적이라는 데는

　어떡하죠, 마흔입니다

동의하지 않을 것이다. 이 무언가는 필요의 문제를 해결할 뿐이라면서 말이다. 그가 생각하는 이상적인 세계에서는 가구와 음식이 나무에서 자랄지도 모른다. 그러나 이것은 예술의 가치에 대해 부분적으로 그가 무지하다는 뜻이다. 우리가 그의 생각에 동의할 필요는 없다. 우리는 목수 일과 요리도 이상적 삶의 일부가 될 수 있다고, 이런 것들이 인간의 필요를 바탕으로 한다면 그 필요는 우리가 살아가는 데 존재하는 편이 낫다고 주장할 수 있다. 일이란 것도 본질적 가치를 지닐 수 있다. 우정에서도 마찬가지며, 그래서 아리스토텔레스는 혼란스러워한다. 그는 본질적으로 유일한 선(善, good)이 사색이라고 확신했기 때문이다. (친구 없이 사색할 수 있다면 그럴 수도 있겠지만, 최고의 친구는 사색하도록 우리를 도울 수 있는 사람이다.) 우리 자신을 그런 식으로 생각할 필요는 없다. 이상적인 세계에서도 우리는 친구들과 시간을 보내기로 결정할 수도 있다.

다른 한편으로, 세상에서 가치 있는 많은 일들이 개량적이라는 점도 사실이다. 우리에게는 의사도, 선생님도, 사회사업가도 필요하다. 그리고 본질적 가치를 지닌 취미가 많은 것도 사실이다. 중년에 가장 실존적 활동으로 꼽히는 골프나 살사 댄싱, 피아노 등을 배우는 사람들이 많다. 우리는 중년이라는 세속적 관념에 휩쓸려 우울해할 게 아니라 모든 것을 새로운 관점에서 바라보아야 한다. 지우고 싶은 과거라도 우리의 생각 이상으로 심오한 의미가 담겨 있다. 아리스토텔레스는 실천 미덕을 추구하는 삶을 비판하면서, 그 무엇도 개량할 필요가 없는 신(神)들의 사례를 들어 그 약점을 강조했다. "우리는 은혜롭고 행복한 그 어떤 존재들보다 신이 위대하다고 여긴다. 하지만 도대체 신들에게 어떤 종류의 행위를 기대해야 할 것인가? 정의로운 행동을? 신이 계약을 했다가 계약금을 돌려주는 식의 행동을 했다면, 과연 신이라고 해서 어리석게 보이지 않을까? (…) 그리고 신들의 절제된 행동은 또 어떨까? 식욕부진 같은 건 없는 존재들이라고 해도 그런 찬양은 밥맛없지 않을까?"(올림피아의 신들이 끊임없이 서로 말다툼하고 무언가를 탐닉하고 심지어 인간들과 잠자리를 한다는 데서 나온 우스갯소리다. 아리스토텔레스에게 그들은 신이 아니다.) 실존적 가치를 지닌 행위는 불멸성과 어울린다. 이상적인 삶에 포함될 수 있다는 뜻이다. 친구들과 모노폴리 게임을 하거나 즐거움을 얻고자 독서를 하는 행위 등은 신들의 삶과 통하는 부분이 있다.

이제 이것이 의미하지 않는 것이 무엇인지를 살펴보는 것으로 마무리하려 한다. 실존적 가치가 다른 무엇보다 중요하다거나 언제나 먼저여야 한다는 뜻은 아니다. 아리스토텔레스의 관점은 위험하게도 여기에 아주 가깝다.

어떡하죠, 마흔입니다

그러나 우리는 인간으로서 우리에게 인간의 것을 생각하도록, 죽을 수밖에 없는 존재이면서 죽을 수밖에 없는 것을 생각하도록 조언하는 사람들을 따라서는 안 된다. 대신에 가능한 수준까지 우리 자신을 불멸로 이끌어야 하고, 우리 속에 존재하는 최선의 덕목들과 부합하도록 온 신경을 집중시켜야 한다. 비록 아주 작은 것이라도 그 힘과 가치는 모든 것을 뛰어넘는다.

나는 아리스토텔레스의 말에 동의하지 않는다. 삶의 욕망이 강렬함에도, 무시하기에는 너무 절박함에도, 온종일 사색에 잠기거나 워즈워스를 읽거나 골프를 치는 것은 실수다. 치명적인 상황에서는 치명적인 것을 생각해야 한다.

그렇더라도 실존적 가치의 끈을 놓친다면, 당신의 삶에서 신의 행위와 연결할 여지를 찾지 못한다면(살아갈 만한 가치 있는 삶을 만들지 못한다면), 당신은 존 스튜어트 밀과 다르지 않은 중년의 위기에 직면하게 된다. 기회가 된다면 당신은 스스로를 불멸로 이끌어야 한다. 미래에 언젠가는.

'감옥'의 그늘

그동안 우리는 밀에게서 무엇을 배웠던가? 실존적 가치가 부족한 삶을 살아가는 사람들, 고통이 없는 것이 마치 최선인 양 손해를 줄이기 위해 고군분투하는 사람들. 위기는 이런 사람들을 기다리고 있다고 했다. 대단히 비관적인 관점이다. 밀처럼 시의 기쁨을 모른 채로, 도움이 필요한 사람들을 돕는 것을 제외한 다양한 활동의 가치에 눈을 뜨지 못한 채로, 유년기를 보내야 할 수도 있다.

물론 이보다 평범한 유형의 위기도 있다. 밀의 경우보다는 덜 냉혹하지만, 실존적 가치의 상대적인 결여 때문에, 즉 실존적 가치가 전혀 없는 것이 아니라 충분치 않기 때문에 발생하는 위기들을 말한다. 일과 가정에서의 압박은 너무 소모적이어서 다른 무언가를 실행할 가능성을 가려 버린다. 당신의 삶도 그렇다면 실존적 가치를 지닌 활동을 위한 여지를 만들 필요가 있다. 이런 활동이 업무를 처리하거나 아이들의 식사를 챙기는 것보다 덜 중요해 보일 수도 있지만, 가치의 유형 자체가 다르고 대체할 수도 없다는 점을 알아야 한다.

중년의 위기는 매우 다양하다고 앞에서도 지적했다. 그중에서도 우리는 존 스튜어트 밀에게서 초래된 한 가지 유형, 즉 '필요의 위기'를 다루어 왔다. 그런데 여기에는 약간의 역설도 존재한다. 밀에게 청년기의 위기를 해결할 방법을 알려 준 그 시인도 자기만의 위기를 경험했다. 그는 밀의 낙관론을 공유하지 않았다. 밀은 자신을 회복시킨 모델로서 '불멸의 송시'를 언급했다. 아마도 이런 구절을 회상한 듯하다.

> 나에게만 슬픔의 상념이 찾아왔다
> 때맞춘 말씀이 그 상념에 구원을 주었고
> 나는 다시 강건하다.
> 폭포들은 벼랑에서 나팔을 분다.

그러나 다음 연이 이렇게 끝나는 시에서 나팔의 등장은 좀 이른 듯해 보인다. "그 환영의 섬광은 어디로 날아가 버렸는가? / 그 영광과 꿈은, 지금 어디에 있는가?" 얼마간의 회복! 워즈워스의 시가 사회의 '감옥'처럼 강요되는 유년기의 자유로 반복해서 회귀할 때 향수와 상실의 분위기는 끊임없이 순환된다.

마지막 네 행은 어떤가? 밀이 추측한 대로, 자연으로부터 고무된 감정을 찬양하는 것일까? 매우 양면적이다. 우리의 상념이 너무 깊이 자리한 탓에 이르지 못하는 것은 미소가 아니라 눈물이다. 그리고 강조를 위해 추가한 동사는 쉽게 무시해도 될까? "이따금씩 눈물조차 닿지 못하는 심오한 상념들"은 계량적 법칙을 따라야 하는 감정처럼, 언어로는 제대로 포착할 수 없는 상념의 깊이와 그리고 사회적 규범의 계략과 억압을 나타낸다. 시조차도 감방 벽의 낙서처럼 문명의 가리개에 의해 훼손된 것이다.

워즈워스는 중년의 위기에서 회복되지 못했다. 서른다섯에 『서곡(The Prelude)』의 첫 완성본을 끝낸 이후로 마지막 40년 동안에는 이렇다 할 작품 없이 삶을 창조적으로 소모했다. 그 무엇도 "되돌릴 수 없는 시간 / 초원의 불꽃이여." 당신은 가없이 열린 미래와 같은 광활했던 청년 시절의 향수를 느끼기 위해 ("영광의 구름을 좇고 (…) / 우리의 집과 같은, 신으로부터") 불멸의 영혼, 탄생의 화신을 향한 믿음을 워즈워스와 나눌 필요는 없다. 되돌림은 없다. 그러나 "누구나 자신에게 어울리는 얼굴을 갖게 된다"는 조지 오웰의 말처럼, 서른다섯이든 쉰이든 우리의 삶이 유형화되기 전에 그 시기에 잃어버린 것이 무엇인지 질문해 볼 수는 있다. 선택권을 갖는 것의 가치는 무엇이며, 어떻게 해야 이미 잃어버린 것을 인정할 수 있을까? "뒤에 남겨진 것들의 힘", 언젠가 그 힘이 철학적 사고로 이어질 수 있을까? 다음 장에서는 소설가들과 철학자들 모두의 도움을 받아 이 문제에 대해 살펴보려 한다.

3

내가 놓쳐 버린 것들

3

나는 지인들에게 중년의 위기를 주제로 글을 쓰고 있다고 말할 때면, 그들에게 독자들을 폭소케 할 만한 우스갯소리나 좋은 읽을거리를 추천해 달라고 은근히 요구한다. 지인들이 추천하는 목록은 대부분이 소설이며 대부분이 남성 작가들의 작품이다. 일부는 앞에서 이미 언급했고 다른 일부는 적절한 시점에 소개할 것이다. 이외에도 코미디〔리처드 루소(Richard Russo)의 『스트레이트 맨(Straight Man)』〕에서 음울한 코미디〔솔 벨로(Saul Bellow)의 『허조그(Herzog)』〕, 아주 음울한 소설〔리처드 예이츠(Richard Yates)의 『레볼루셔너리 로드(Revolutionary Road)』〕에 이르기까지 다양하다. 이 작품들이 공통적으로 묘사하는 중년의 위기는 우리의 고정관념 그대로다. 기회의 상실, 욕망의 좌절, 숨 막히는 사회적 압박. 한마디로 중년은 상실의 계절이다.

몇몇 지인들은 자신들의 자서전에 수록된, 지금은 진부해진 서술까지 들먹이며 중년의 위기는 허구가 아니라 사실이라고 목소리를 높인다. 성공한 어느 친구가 보내 준 글에 이런 대목이 있다.

내 생각에는, 1994년 중반 내 나이 마흔으로 접어들 때 중년의 위기에 가장 가까이 다가선 것 같다. (…) 그때까지 내 삶의 모든 것들은 놀라우리만치 성공적이었다. 그러나 세 명의 어린 아이들이 있고 거액의 담보대출까지 받은 나로서는 인생의 방향을 바꾸기란… 아… 글쎄… 소설을 쓰거나, 영화를 만들거나, 포크송 가수가 되는 등 내가 원하면 언제든 할 수 있으리라고 꿈꾸던 모든 것들이, 이제는 틀렸다는 느낌이 분명해졌다. 일정 수준의 소득을 창출해야 하는 압박에 사로잡혀 늘 하던 일에 갇혀 버린 내게는 그 우울한 상황의 종점이 보이지 않았다. 물론 이런 생각이 지나친 자기 방종일 수도 있었고, 아내의 생각은 이런 나와 전혀 달랐다. 하지만 지금 나는 그 모든 상황이 문학 갈래의 하나일지도 모른다고 생각하는 편이 훨씬 위안이 된다.

위안은 숫자에서도, 인식에서도 얻을 수 있다. 친숙해지면서 이해도 된다. 상실에 직면했을 때, 어떻게 해야 더 나은 위안을 찾을 수 있을까? 사실을 직시해야 한다. 내 경우에는 이랬다.

처음에 나는 시인이 되고 싶었다. 제대로 된 생애 첫 시를 일곱 살에 썼다. 운율 있는 대구 형식으로 놀이터의 황량함을 연상시키는 'T. S. 엘리엇이 오그던 내시를 만나다'라는 시였다. 물론 훌륭한 시라고 말할 생각은 없다. 그러다가 지금은 계관시인이지만 당시에는 그다지 유명하지 않았던 캐롤 앤 더피(Carol Ann Duffy)가 가르치던 워크숍에 참석하면서 시에 더 진지하게 다가갔다. 그녀는 우리에게 모자에 담긴 다양한 캐릭터가 그려진 종잇조각 중 하나를 선택해 그 캐릭터의 관점에서 소네트(14행 1연의 정형시 – 옮긴이)를 지으라고 했다. 그리고 첫 4행은 캐릭터가 창 너머를 바라보는 광경에 대해 묘사해야 했다. 고작 열두 살이던 내가 집은 캐릭터는 '패션모델'이었다. 다른 이들 중에는 '우주비행사'를 집은 사람도 있었다. 아무튼 약간 당황한 나는 난생처음으로 다른 누군가의 관점에서 바라본 세상을 묘사하기 위해 노력했다. 더피는 내 시를 흡족해했고 나 역시 시를 쓰는 것만으로도 좋았지만, 전에는 한 번도 해 본 적이 없던 방식으로 시를 쓴다는 사실이 더 좋았다. 하지만 시인이 되지는 못했다.

한동안은 의학도 고려했다. 의사였던 내 아버지는 아들 중 누구라도 가업을 이어 주길 바랐다. 1980년대의 인기 시트콤에 등장했던 피부과 의사 부자를 보고 이런 생각을 하게 된 것이다. 아버지가 피부과를 유망하게 생각한 근거는 단순했다. 죽는 환자가 극히 드물기 때문이었다. 그렇지만 나는 피부과보다 생명을 살리는 일에 관심이 더 많았다. 피가 낭자한 현장을 보면 기겁을 하면서도 말이다. 그러다가 결정이 임박해지자 나는 마음이 이끄는 대로 철학을 선택했다. 그리고 여기까지 왔다.

그때의 결정을 후회하지 않는다. 시인이나 의사가 되었더라도 지금보다 나은 삶을 살았으리라고 생각지도 않는다. 어쩌면 더 나빴을지도 모른다. 그동안 운이 매우 좋았다. 대학이 경제적으로 어려운 시기임에도 철학과 종신교수로 일할 수 있어서 행운이고, MIT의 부와 안정성으로 보호받고 있다는 점에서 더 행운이다. 훌륭한 동료와 학생들이 많은 것도 물론 빼놓을 수 없는 행운이다. 파국을 기대하고 있다면 조금 더 기다려야 한다. 이어지는 4장에서 무언가 잘못되고 있을 때의 느낌을 다룬다. 이 장은 잘되고 있음에도 불평하는 현상에 대한 이야기다. 무엇보다 내가 개인 인생사의 모자에서

'의사'나 '시인'을 끄집어냈을 때, 지금은 잘려 나간 가능성의 나뭇가지를 거슬러 올라갈 때, 나는 후회와 별반 다르지 않은 상실감을 느낀다. 내가 결코 쓸 수 없는 시도, 결코 살릴 수 없는 생명도 있을 것이다. 지금 이곳에서 그 대안들로 이르는 길은 보이지 않는다. 의과대학에 들어가기 위한, 또 괜찮은 시인이 되기 위한 미래는 보이지 않는다. (물론 이 글을 읽는 독자들은 내가 더 나은 존재가 되기를 바랄 것이라고 믿는다.) 설령 그랬다 하더라도 그 삶은 내가 열일곱에 꿈꾸던 모습은 아닐 터이다. 돌이켜 보면 선택의 문이 열려 있고 아직 어떤 선택도 하지 않았던 어린 시절의 나에게 부러움을 느낀다. 그 아이는 무엇이든 될 수 있었으리라. 하지만 내 운명은 정해졌다. 방향과 길이 정해지고 문도 닫혀 버렸다.

잘난 체하려는 게 아니다. 모든 걸 가질 수 없다는 푸념은 꼴사납다. 그럼에도 그 속에는 무언가가 있을 수 있다. 어쩌면 당신도 살아 보지 못한 삶의 모습을, 할 수 있었더라도 하지 않았거나 그럴 생각이 없었던 것들을 떠올릴지 모른다. 실수했던 기억을 애써 떠올리며 상실감에 젖거나, 앞으로의 삶의 모습이 어떠할지 짐작할 수 없던 시절을 돌이키며 향수를 자극할 필요는 없다. 내가 당신에 대해 글을 쓴다면 그럴 것이다. 하지만 나 자신을 소재로 삼은 장점은 일반적인 경우와 달리 나의 이야기가 아주 따분하다는 데 있다. 천직이 있다는 나의 소명의식이 인생의 계획을 형성해 버렸고 실생활을 놓고 하는 사고실험조차도 정형화되고 단순해졌다. 40대 정도 되면 평균 13개의 직업을 경험하며 어느 때든 이사할 여지도 있다. 그 사람의 나무에는 가지가 무성하며, 지금껏 경험하지 못한 삶에서 비롯된 온갖 파편들이 얽히고설켜 있다. 하지만 내 삶의 나무는 가지치기가 깨끗하게 되어 있다. 시인과 내과 의사, 철학자라는 3개의 가지는 하나의 삶이 되며 2개는 죽어 버렸고, 대다수 사람들이 그러하듯 내 삶도 하나의 본원적 사실의 단계에 이르렀다. 상실이라는 사실 말이다. 이런 상황에 적절한 용어를 붙이도록 철학이 도움을 줄 수 있을까? 우리가 가질 수 없는 무언가를 받아들이도록 철학이 가르침을 줄 수 있을까? 그리고 젊은 시절의 상실을 둘러싼 향수의 유혹을 이겨 내도록 또는 이해하도록 도울 수 있을까? 이 장에서 나는 한계 속에서도 그럴 수 있다고 주장한다.

상실 없는 삶은 연체동물의 삶

늘 그렇듯이 철학의 첫 번째 기여는 무언가를 구분하여 명칭을 정한 데 있다. 모든 결정이 우리의 주제인 상실감을

어떡하죠, 마흔입니다

불러일으키는 것은 아니다. 따라서 상실감을 불러일으키는 것과 그렇지 않은 것을 구분할 필요가 있다.

당신이 금전적 포상을 받게 되어 스스로 금액을 정해야 한다고 가정해 보자. 50달러 지폐 한 장과 두 장 중 하나를 선택해야 한다. 다른 조건이 동일하다면 누구든 100달러를 선택할 것이며, 두 번 생각할 이유도 없다. 이 선택에 대해 내적 갈등을 느끼지는 않으며, 실망이나 후회를 남길 거리도 전혀 없다. 더 적은 것을 얻을 기회를 놓쳤다며 한탄하는 것은 어리석을 뿐이다. 이 선택들의 가치를 흔히 사용하는 한마디 용어로 표현하면 약분 가치(commensurable value, 단일 기준으로 비교 평가한 가치 – 옮긴이)라고 할 수 있다.

약분 가치는 단일 척도로 측정된다. 더 많은 것을 얻으면 적은 것을 상쇄할 수 있다. 50달러 지폐 하나만을 선택하지 않았다고 욕구불만에 빠질 이유는 없다. 한 장을 얻으려는 욕망은 곧 돈에 대한 욕망이므로 당연히 두 장을 선택하는 편이 훨씬 낫기 때문이다.

이런 유형의 의사결정은 비교적 드물다. 또 다른 선택 상황을 가정해 보자. 우주여행이나 러시아 인형의 역사처럼 당신이 흥미로워할 만한 주제의 강의를 듣는 경우와, 최근에 만나 조금 더 친해지고 싶은 사람의 생일 파티에 참석하는 두 가지 경우가 있다고 하자. 이때 비중을 따져 보아 생일 파티에 참석하는 편이 낫다고 판단하더라도 마음이 편치는 않다. 100달러를 선택하는 경우와 달리 이번에는 상실한 부분을 상쇄할 방법이 없기 때문이다. 지식의 가치와 우정의 가치는 약분이 불가능하다. 합리적으로 판단해서 후자를 선택하더라도 더 큰 가치로 더 작은 가치를 상쇄할 수는 없다. 강의를 듣고 싶은 욕망을 파티에 참석해서 충족시킬 수는 없다는 것이다. 그래서 충족되지 못한 찜찜함이 마음속에 계속 남는다.

너무 억지스러울 수도 있다. 강의를 놓치고 전혀 괴로워하지 않을 사람도 많기 때문이다. 그러나 약분이 불가능한 상황이 생각보다 심각할 수도 있다. 윌리엄 스타이런(William Styron)은 1979년 소설 『소피의 선택(Sophie's Choice)』에서 아우슈비츠에 도착한 한 엄마가 선택의 상황에 놓인 장면을 보여 준다. 두 아이 중 누구를 죽이고 누구를 살릴 것인지를 선택해야 하며, 만일 선택을 거부하면 둘 다 죽게 된다. 엄마는 딸을 희생하기로 결정한다. 무엇이 더 나은 선택인지 판단할 수 없는 상황이었음에도 그녀의 남은 삶은 죄의식으로 망가지고 만다. 한 아이의 삶의 가치를 다른 아이의 삶의 가치와 약분할 수는 없다. 장폴 사르트르(Jean-Paul Sartre)의 유명한 에세이에는 한 학생이 그에게 조언을 구하는 장면이 나온다. 자신의 삶을 레지스탕스 활동에 바쳐야 할지, 아니면 자식을 잃고 절망감에 사로잡혀 살아갈 어머니를 돌봐야 할지 물었다. 어느 경우든 돌이킬 수 없는 상실감을 피할 도리는 없다.

약분성(commensurability, 약분 가능성)의 가장 분명한 사례는 부(富)와 같이 최종 목적에 적용할 수 있는 수단과 관련된다. 그렇지만 궁극적 가치에도 원칙적으로는 약분성을 적용할 수 있다. 2장에서 만나 보았던 제러미 벤덤은 고통의 경감 수준과 쾌락 수준을 비교하는 "쾌락 계산(felicific calculus)"의 관점에서 행복을 "옳고 그름의 척도"로 이해했다. 그는 쾌락을, 적은 것보다는 많은 것이 당연히 낫다는 평가적 흥분이자 균일 감각(homogeneous sensation)으로 다루었다. 존 스튜어트 밀의 유명한 인용 오류 사례가 있다. "동등한 쾌락의 양에 비추어, 푸시핀(push-pin)은 시와 다를 게 없다(푸시핀은 19세기에 영국의 아이들이 즐겨 하던 놀이다)." 벤덤의 입장에서 두 가지 재미있는 경험 중에 하나를 선택하는 것은 두 뭉치의 지폐 중에서 어느 하나를 선택하는 것과 비슷하다. 당신이라면 당연히 둘 중 많은 것을 택할 것이다. 더 많은 쾌락을 선택함으로써 포기한 쾌락을 상쇄하고 보상할 수 있다. 얻는 것이 더 많으니 잘못된 것은 없다. 그렇지만 돈의 가치와 달리 쾌락은 궁극적 가치에 해당된다. 벤덤이 생각하는 기쁨이란 인생의 근원적인 목적이다.

조금 더 전문적인 표현을 사용해 보자. 아직껏 실행하지 못한 일, 쓰지 못한 시, 구하지 못한 생명을 돌이켜 볼 때, 시와 의학, 철학의 가치가 약분 불가능하다고 말한다고 해서 얼마나 위안이 되겠는가? 당신은 어떤가? 지금 당신은 그동안 선택한 삶의 행로에 대해, 그동안 놓친 것들에 대해, 조금 더 위안이 되었는가? 아마도 아닐 것이다.

그러나 실망은 이르다. 우리의 상황을 바라보는 또 다른 관점이 있다. 순조로운 상황에서도 우리가 굳이 충족하지 못한 욕망을 문제 삼는 이유는 무엇일까? 왜 중년을 상실로 바라보는가? 원하는 전부를 가질 수 없는 것, 그리고 우리가 가진 것으로는 가지지 못한 것을 상쇄하거나 보상할 수 없는 것은 '약분 불가능성'의 결과이다. 인간의 삶에서 가치 있는 것들은 매우 다양하다. 소유할 가치가 있는 것, 보살필 가치가 있는 것, 노력하고 싸울 가치가 있는 것 등 끝도 없이 많다. 차라리 가치에 대해 무지해지거나 기호의 폭을 줄이는 편이 당신을 상실로부터 건져 낼 수 있다. 하지만 누구도 그러길 바라지 않는다.

어쩔 수 없는 상실을 피하기 위해 당신의 삶의 모습이

어떡해야 할지 상상해 보자. 양립하기 어려운 두 가지 선택에 직면했을 때, 그 둘의 가치가 약분되든지 아니면 어느 하나의 가치가 무의미해야 한다. 시와 의학, 철학을 한꺼번에 선택할 수는 없다. 인생에서 좋은 것들 대부분을 다른 무언가로 가려 버리든지 혹은 지우든지 해야 한다. 당신의 정서적 경험은 대체로 한 가지 색깔이다. 그래서 내면의 갈등도 없고, 감성적 삶이 낳는 다양한 모습도 없다.

벤덤을 추종하며 쾌락주의적 도식을 붙잡으려 할 수도 있다. 쾌락주의적 도식에는 쾌락에서 고통을 뺀 것이 유일한 선(善)이라는 '쾌락 계산'이 전제된다. 그러나 벤덤의 이론은 설득력이 약하다. 인간의 삶에는 느끼는 방식보다 중요한 것이 있을 뿐 아니라 쾌락이라 하더라도 더러는 약분이 불가능한 경우도 있기 때문이다. 석양을 바라보는 것과 교향곡을 듣는 것 중에서 어느 하나를 선택한다고 가정하자. 교향곡을 듣기로 결정하더라도 어느 정도의 고민을 거치는 것이 일반적이다. 석양의 멋진 색채를 바라보고픈 욕망을 음악 소리로 채울 수는 없는 탓이다. 우리가 바라는 것은 구체적인 쾌락이지 균일화된 쾌락적 흥분이 아니다.

약분성을 실현하기 위해서는 쾌락의 종류에 따른 다양성이나 차별화를 무시해야 한다. 당신이 얻고자 하는 기쁨의 양만을 생각해야지 기쁨의 질이나 목적을 고려해서는 안 된다. '선'이라고 생각하는 것의 대부분을 지우거나 무관심해지는 등의 방법으로 당신의 욕망을 철저하게 단순화해야 한다. "그리하면 당신은 인간의 삶이 아니라 연체동물 또는 바다에서 사는 껍질을 가진 피조물 중 하나의 삶을 살게 될 것이다." 플라톤은 저서 『필레보스(Philebus)』에서 이렇게 적었다.

상실 없는 삶을 바라는 것은 이 세상에서 또는 이 세상과 연관된 당신의 능력 범위에서 불모지를 찾는 것과 같다. 그만큼 삶의 지평을 극도로 제한하는 일이다. 여기서 짚고 넘어갈 것이 있다. 약분 불가능성의 재귀적 경우에서 보면 약분 불가능성 그 자체에서 충돌이 발생할 수도 있으며, 이것은 결코 바람직한 현상이 아니다. 그렇다고 손해를 회복하기 위해 처음부터 작은 것을 선택하는 것은 어리석다.

여기서 우리가 얻고자 하는 것은 중년의 위기를 피하기 위한 법칙이 아니라 중년의 위기에 대처할 수 있는 조언이다. 상실이 풍요로운 인생에서 피할 수 없는 부작용이라는 사실은 그나마 위안거리다. 즉 살아가면서 사랑해야 할 것들이 너무 많고, 한 번의 운명으로 그 모두를 얻을 수는 없을 정도로 다양하다는 사실은 멋진 일이 아닐 수 없다. 불멸성만으로도 충분치 않다. 당신의 일대기는 영원히 이어질 내세와도

구별될 정도로 분명한 모습을 지녀야 한다. 지금 이 순간에도 당신은 잃어 가고 있기 때문이다.

그러므로 자신에게 이렇게 말해 보자. "후회한 것을 후회하고, 이루지 못한 욕망이 없기를 바랄지언정 결국 나는 완벽하게 충족될 수 있는 욕망을 선택할 수는 없다. 상실감은 현실이다. 상실감은 사라지기를 바랄 게 아니라 인정해야 하는 대상이다." 당신의 상실감은 삶의 잉여에 대해 마땅히 지불해야 할 대가로서 받아들여야 한다.

가지 않은 길

이 결론에도 한계는 있다. 무엇보다 이 결론으로는 상실의 문제를 피하는 데 전혀 도움이 되지 않고 오로지 받아들이는 것만 가능하다. 인지 요법과 마찬가지로 이는 우리의 생각을 전환시켜 상황을 느끼는 방식을 바꾸는 데 목적이 있을 뿐 상황 자체를 바꾸지는 못한다. 뿐만 아니라 불가피한 후회가 어떤 종류인지도 명시하지 못한다. 즉 삶을 더 나쁘게 만든 실수나 불운, 실패 등 어느 것 때문에 후회하는지 분명치 않다.

4장에서는 삶의 역경에 정면으로 마주한다. 하지만 그전에 지금껏 다루지 않은 중요한 내용부터 살펴볼 것이다. 지금까지 내가 설명한 어떤 것도 상실의 시간적 차원과 그것이 향수와 어떤 관련이 있는지에 대해서는 다루지 않았다. 왜 방향이 설정되지도 않았던 시기를 간절히 돌아보려 할까? 왜 젊은 시절을 부러워할까? 그때 모두를 가져서가 아니다. 원하는 바를 얻지 못하는 것은 어린 시절의 일상적 후렴구와 같다. 그리고 그때까지 당신이 더 심오한 욕망을 상실하지 않았다면, 앞으로 그렇게 되리라는 것도 분명했다.

향수의 미스터리는 조슈아 페리스(Joshua Ferris)의 소설 『좋은 시절에 다시 일어서기 위해(To Rise Again at a Decent Hour)』에서 탐구하는 다양한 소재 중 하나이기도 하다. 이 책에는 인생을 표류하는 한 치과 의사가 등장한다. 오로지 보스턴 레드삭스만을 추종하는 광팬이며 무신론자이면서도 절대자에 대한 향수를 버리지 못해 종교적 언어와 공동체를 떠도는 인물이다. 이 소설은 자유로운 사회에서의 개인의 혼돈을 다루는 동시에 자유와 현대성이 충돌하는 상황도 조명한다. 재닛 매슬린(Janet Maslin)은 『뉴욕타임스』에서 이 소설을 "치의학 문학계의 정점"이라고 표현했다.

영국인답게 나는 충치의 사전적 의미와 비유적 의미를 잘 이해한다. 중년에 퍼지는 주름과 달리 치아의 부식은 신체의 붕괴이자 누적되고 돌이킬 수 없는 부패의 명백한 표식이다. 치아는 뼈처럼 재생 능력이 없으며, 두개골의 일부가 눈에 보일 정도로 노출되면 이미 죽었거나 죽어 가는 것처럼 치아도 지속적으로 썩어 들어간다. 도스토옙스키가 실존적 고뇌의 상징으로 설정한 지하 생활자가 한 달 동안 극심한 치통을 앓았던 것은 우연의 일치일까?

몇 년 전에 큰 호텔에서 열린 철학자들의 모임에서 내가 여성 동료에게 우리가 어떤 존재라고 생각하느냐고 물었다. 그때 그녀는 '치과 의사들'이라고 대답했다. 그 자리에 모인 지식인들로서는 예상하기 어려운 답이었으며, 경의의 뜻을 담은 것도 아니었다. 어쩌면 그녀는 우리 또한 심연을 들여다보는 사람이라고 느꼈을지도 모른다.

치아를 통해서도 확인되는 신체적 쇠약은 "하나같이 입 벌린 자들의 무덤을 지나치며 휘파람을 부는 것"이라는 페리스의 내레이션처럼 우리가 무시하고 싶어 하는 대상의 하나다. 또는 우리가 마틴 에이미스(Martin Amis)처럼 그 반대를 희망할 수도 있다(에이미스는 중년의 위기 중에서도 대대적인 치아 재건을 소재로 쓴 소설인 『더 인포메이션(The Information)』의 작가이다). 하지만 시간의 문제일 뿐이다. 에이미스가 소설 주인공에 대해 쓴 글의 한 대목을 보자. "마흔 번째 생일날 아침, 거울을 들여다보며, 리처드는 있는 그대로의 자기 얼굴을 받아들이는 사람은 없다고 느낀다." 마흔이 아니라면 쉰에, 아니면 예순에라도 우리 몸은 나이를 드러낸다.

나는 철학을 통해 이 과정을 멈출 수 있다고, 생물학적 균질성을 극복할 수 있다고 말할 수 있었으면 좋겠다. 하지만 그렇지 않다. (이 책에서 매력을 주제로, 또는 부드러운 피부와 단단한 복근, 화사한 미소를 위한 몇 가지 간단한 요령을 담은 부록까지 담는다면 좋을 듯도 하다. 하지만 이 얘기는 후속작에서나 가능할는지?) 오래전 당신의 젊었던 시절의 몸의 이미지가 향수를 자극한다면, 1996년의 사진에 찍힌 얼굴이 부럽다면, 내가 할 수 있는 최선의 조언은 미리 추억해 보라는 것이다. 노라 에프론(Nora Ephron, 미국의 언론인-옮긴이)이 쓴 글의 한 대목을 보자. "당신이 무엇을 생각하든 서른다섯 시절의 몸에 어울리지 않는다면, 쉰다섯이 되었을 때는 향수를 느끼게 될 것이다." 향수를 예측하는 방법이 있다. 오늘 거울에 비친 당신의 얼굴과 몸을 10년이나 20년 후에 돌이켜 볼 때 어떤 느낌이 들지 생각해 보는 것이다. 그 느낌은 아마도 더 나빠질 것이다.

문제는 그저 젊은 외모를 잃는 것만이 아니다. 잃어버린 젊음에 대한 한탄은 부분 성형으로 해결할 수도 있다. 하지만 노화는 체력과 활력, 원기마저 고갈시킨다. 신체 능력이 시드는 것이다. 노화는 가능성의 지속적인 감소를 의미하는 육체

어떡하죠, 마흔입니다

적 표상이다. 반면에 젊음은 넘치는 힘과 영원히 계속될 것 같은 가능성으로 충만한 미래로 대표된다. 상실을 생각할 때, 열일곱의 나 자신이 부러울 때, 이것이 내가 그리는 그림이다. 그리고 이것이 내 향수의 대상이다.

여기서 페리스가 조명한 수수께끼를 소개한다. 정처 없이 살아가는 그의 치과 의사 폴 오루크가 아이를 갖지 말자고 스스로를 설득하는 장면을 지켜보자.

'그때' 내게 전부처럼 생각되던 것이 있었다면, 그건 아이들이었다. 태어나던 순간부터 부모 옆에 모여 마지막 유언을 듣는 그 순간까지, 그리고 그 사이의 모든 중요한 순간에서도. 하지만 아이들에게 전부가 되기 위해서는 아이들 또한 전부가 '되어야' 할 것이다. 그러면 더 이상의 식당도, 브로드웨이 연극도, 영화도, 박물관도, 미술관도, 또는 이 도시가 부여하는 다른 수많은 활동도 무의미하다. 내가 아이들에게 쏟은 애정이 지극히 적다고 한다면, 이런 것은 내가 극복하기 어려운 문제는 아니다. 그러나 아이들은 내게 선택권과 같은 존재들이고, 선택권은 늘 중요하다.

사용하지 않는 선택권, 걷지 않는 길의 가치는 어떤 의미일까? 폴에게 "(모든) 밤은 무한한 가능성이 소멸된 밤, 몰수당한 삶의 밤, 널리 펼치고 탐구하고 위험을 감수하고 희망하고 살아갈 기회가 배제된 밤이었다." 그는 붙잡지 않을 더 많은 기회를 스스로 유지하기 위해 그 기회를 거부한다. 이해하기 어려운 대목이다!

폴의 외고집과 나의 향수는 어떻게 다를까? 기회가 열려 있고 그 기회가 살아 있기를 바라는 것은 당연하다. 하지만 곰곰이 생각해 보면 그 근거를 설명하기가 쉽지는 않다. 모든 일이 순조로운 상황이라면 당신이 선택하는 것들이 거부한 것들보다 나쁘지 않다는 뜻이다. (물론 지금 이 순간은 실수나 불운, 실패 같은 것들은 제쳐 두자.) 그렇다면 잃은 것은 무엇일까? 내가 잘못 살아왔다고 생각지 않으면서도 철학을 선택하기 이전의 시절, 의사나 시인이 될 수도 있었던 그 시절을 부러운 눈으로 돌아보는 이유는 무엇일까? 내가 추구하지도 않을 가능성들을 굳이 확대해서 얻는 것은 무엇일까?

재미있는 우스갯소리도 친절하게 설명하면 진지해지는 법이다. 그래서 미안하지만, 여기서는 —도덕철학자 제럴드 드워킨(Gerald Dworkin)에게서 받은 영감을 토대로— 폴의 재미난 부분을 진지하게 설명하는 논점을 하나 제시하려 한다.

(완곡하게나마 기술적인 표현으로서, 썩 해학적이지는 않다. 하지만 재미는 없더

어떡하죠, 마흔입니다

라도 이해하기에는 좋을 것이다.)

순위에 따라 A, B, C의 세 가지 결과가 있다고 가정하자. 결과만을 놓고 보면 당신은 B보다는 A, C보다는 B를 선호할 것이다. 이제 폴의 경우처럼 선택권도 중요하다는 상황을 대입해 보자. 대안 자체도 가치를 지닐 뿐 아니라, 대안이 존재한다는 사실 속에 궁극적 가치가 숨어 있다. 따라서 B와 C라는 선택권이 있다는 것은 아무런 대안 없이 B만 가진 경우보다 낫다. 그럴 듯하게 들린다. 그런데 여기서 눈여겨 볼 점이 있다. A가 B에 비해 아주 조금 낮고 여기에 선택권의 가치까지 더해진다고 가정한다면, 하나만 고려할 경우에 당신이 B나 C보다 A를 선호하더라도 A 하나만 가지는 것보다는 B와 C 사이에서 선택하는 편이 합리적일 것이다. 선택의 가치는 당신이 선택할 B의 가치를 의미하고, 여기에 선택권의 가치까지 더해지기 때문이다. 즉 이 가치가 하나만을 고려할 때 A와 B의 차이보다 크다면, B와 C를 선택하는 편이 A 하나만 택하는 것보다 낫다는 뜻이다. 하지만 이것은 어불성설이다! A보다 나은 대안들이 없는 상황에서 A를 택하지 않고 다른 대안을 선택할 사람이 누가 있겠는가?

결코 과장이 아니다. 치통에 매료된 그 지하 생활자는 나처럼 '아는 체하는 사람들을' 거부하고, 내가 지칭한 어불

성설을 선호한다. "무엇이 그들로 하여금, 사람은 합리적으로 이로운 선택을 바라야 한다고 생각하게 만드는가? 사람이 바라는 것은 단순히 '자주적인' 선택이다. 그 자주성에 어떤 대가가 따르고, 무엇으로 귀결되든 말이다. 그리고 선택은, 당연히 선택의 의미는 오로지 악마만이 안다." 당신이 치통을 즐기는 사람과 같은 선호도를 갖고 있다면 그동안 얼마나 헤매며 살아왔는지 알 것이다. 선택권에는 폴이 상상하는 가치가 들어 있지 않다.

이 모두가 앞에서 언급했던 수수께끼, 즉 내 경우처럼 젊은 시절의 폭넓은 가능성을 지향하는 향수에 대한 수수께끼를 가리킨다. 내 삶이 흘러온 방식에 대해 내가 후회하지 않는다면, 한때 내가 그랬던 것처럼, 대안을 갖는다는 것의 매력은 무엇일까? 택하지도 않을 선택권을 왜 바라야 하는가? 그저 혼란스러워서?

대답은 아직 이르다. 대신에 페리스와 드워킨에게서 이끌어 낸 논점을 생각해 보자. 이 논리는 선택권 소유의 가치에 한계를 부여한다. 하나만을 고려할 때 B나 C보다 A를 선호하는데도 A를 택하기보다 B와 C 중에서 선택하는 것은 어리석다. 그렇지만 선택권을 바라는 것 자체는 여전히 합리적일 수 있다. 즉 아무런 대안 없이 B를 선택하는 것보다는

어떡하죠, 마흔입니다

B와 C 중에서 선택하는 것이 합리적일 것이다. 선택 또는 선택의 부재를 바라는 데는 그만한 근거가 있다. 결과의 의미는, 좋든 나쁘든 대안이 있는지 그리고 그 가치가 결과적으로 바뀔 수 있는지에 달렸을 수도 있다. 소피의 고민이 고통스러운 이유 중 하나는 어느 아이를 선택하든, 물론 다른 아이는 죽을 수밖에 없지만, 그 아이를 살릴 수도 있다는 데 있다. 이런 상황에서는 선택을 강요당하는 것보다 차라리 대안이 없는 편이 낫다.

조금 더 행복한 삶의 모습이라면 유명한 텔레비전 시리즈의 바탕이 된 데이비드 놉(David Nobbs)의 소설에 등장하는 레지널드 페린에게서 엿볼 수 있다. 1970년대 후반의 영국 시트콤을 잘 모르는 사람들을 위해 간단히 소개한다. 레지 페린(Reggie Perrin)은 매일 반복되는 선샤인 디저트로 출근하는 단조로운 일상에서 벗어나기 위해 해변에 옷과 가방을 버려두고 죽은 것처럼 가장한다. 그러고는 '마틴 웰번'이라는 이름의 인물로 변장하여 자신의 '미망인'인 엘리자베스와 결혼하고 직장에서도 자신의 자리를 대체할 사람으로 취직하여 수많은 우여곡절을 겪다가 본래대로 돌아온다. 이처럼 코믹하게 묘사된 반복 행위의 요점은 무엇일까? 레지는 무엇을 입증하려 한 것일까?

정말로, 무엇을? 자신이 단순히 무의식중의 말실수(Freudian slip)와 강박적 경험의 산물은 아니었다는 것을? 저학력과 자본주의적 무의미의 산물이 아니었다는 것을? 자신이 46년간 흘려보낸 매초, 매분, 매일의 산물 이상의 의미가 있었다는 것을? 남들이 전혀 예측할 수 없는 방식으로 행동할 능력이 있다는 것을 보여 주려는 것이었을까? 자신의 과거는 미래의 감시자가 아니었다는 것을? 이미 확정된 특정 날짜와 특정 시간에는 죽지 않겠다는 것을? 자신은 자유로웠다는 것을?

다시 조금 무거워질 수도 있는 얘기지만, 레지가 벗어나려 한 대상은 자신의 삶이 아니라 ─삶의 불합리한 것들은 다른 사람들과 다르지 않았다─ 대안이 없는 느낌이었다. 레지의 대단한 점은 평범한 존재로서의 끈을 풀어서 의지의 표현으로 변형된 새로운 매듭을 엮었다는 사실이다. 엘리자베스와의 결혼과 선샤인 디저트에서의 일 모두 겉보기에는 비슷하지만 처음과는 다른 무언가를 의미했다. 그 모두는, 비록 역설적으로 보일 수는 있지만, 도망칠 수 없는 감옥이 아니라 자신이 선택한 세상이었다.

레지 페린은 폴 오루크와 지하 생활자와 대비되는 재미있는 사례다. 그는 더 나쁜 결과가 나올지도 모를 선택을 위해 더 나은 결과를 희생시킨 것이 아니라, 통념에 맞서는 선택권에 더 큰 가치를 부여했다. 마치 자신을 위해 예정된 것처럼, 위의 논점이 지닌 간극을 피해 나갔다. 그야말로 실존적 영웅이다.

내 입장에서 볼 때 그는 나의 향수 속에서 유의해야 할 사례이기도 하다. 순조로운 상황에서도 선택권을 희망하는 것, 그리고 현재의 위치에 갇힌 것에 분개하는 것은 충분히 납득이 간다. 지금에 와서 내가 한때 품었던 시인이나 의사가 될 방법은 없다. 내가 철학의 길을 계속 걷기로 선택한다면, 그 길은 앞의 대안들을 동반하는 것이 아니라 다른 부득이한 요소들과 함께할 것이다. 그런 점에서 나의 선택이 지닌 의미는 열일곱 살 때의 선택이 지녔던 의미와는 다르다. 무언가가 사라졌다. 중년의 삶에서 상실하는 것은 지금과 다른 삶들뿐 아니라 그런 삶들을 대안으로 가진 현재의 삶의 의미까지 포함된다. 첫 부분에서 언급한 동료의 말처럼, 내가 내 일을 하고 싶은 이유는 내 일을 하고 싶어서이지 고지서를 해결할 돈이 필요해서가 아니다.

또 하나, 착각의 위험도 있다. 즉 가능성의 상실에서 오는 손해와 현재의 삶에서 얻는 결과물의 단점을 혼동할 수도 있다. 중년의 한계를 한탄하는 것은 잘못된 일이 아니다. 하지만 그 때문에 A를 포기하고 B와 C 중에 선택함으로써 상황을 더 어렵게 만드는 것, 즉 급격한 변화를 정당화할 수 있다고 생각하는 것은 착각이다. 분명한 것은, 레지 페린과 같은 천재성을 갖지 못한 사람이 중년에 내리는 결정이 20년 전의 결정과 같을 수는 없으며, 레지라 하더라도 시간의 흐름까지 뒤집을 수는 없다는 사실이다.

그러므로 철학으로부터 ―또 다른 법칙은 아니더라도― 더 많은 조언을 구해 보자. 이렇게 생각해 보자. 실망스러운 직업, 실패한 결혼, 나빠진 건강 등 현재의 삶을 바꿔야 하는 근거들이 많더라도 변화 자체의 매력이 환상에 불과할수도 있다. 선택권의 소유라는 가치 때문에 그 선택권들을 정작 붙잡지 못할 수 있다. 향수에 대한 논쟁처럼 말이다. 가치란 과대평가되기 십상이다. 선택권을 가지고 있으면 선호하지 않는 선택의 결과까지 메워 주리란 생각은 어리석다. 집을 허물기 전에 다시 한 번 생각해야 한다. 내부 공간이 마음에 안 들어서인지, 아니면 담벼락 때문인지?

관점에 따라 달라진다

아직껏 풀지 못한 실타래가 마지막으로 하나 남았다. 여기에는 과거와 현재, 회고적 갈망과 좌절된 바람이 뒤엉켜 있다. 우리의 이야기는 의미 있는 욕망의 관점에서 중년의 상실이라는 피할 수 없는 사실에서 시작되었다. "모든 걸 가질 수는 없어요." 희극배우 스티븐 라이트가 비꼬듯 말한다. "어디에 투자할래요?"

게다가 상실은 새로운 소식도 아니다. 내 경우에는 시와 의학, 철학 중에서 무엇을 추구할지 택해야 했던 열일곱 살에 벌써 상실을 경험하며 깨달았다. 아버지의 강요에도 불구하고 나는 부업으로 철학책을 읽거나 시를 쓰는 것은 결코 행복하지 않으리라고 생각했다. 그러나 무언가를 포기해야 한다는 것을 알고 있었으면서도 지금처럼 상실감까지 느끼지는 않았다. 그 시절이 부러운 또 하나의 이유는, 내 유년 시절의 자아는 만족스럽지 못한 욕망의 고통으로부터 어떤 식으로든 보호받고 있었기 때문이다. 하지만 중년의 우리는 노출되어 있다.

이러한 관점의 변화를 무엇으로 설명해야 할까? 처음부터 운명적으로 정해진 상황에서도, 이 상실의 감성적 비용이 증가하는 이유는 무엇일까? 한 가지 확실하게 달라진 것은 나의 상실이 과거에는 미래였지만 지금은 현재나 과거라는 점이다. 즉 과거에는 앞으로 선택하지 않을 삶이었고, 지금은 살지 않는 삶과 살아오지 않은 삶이다. 그러나 5장에서 살펴보겠지만 시간의 화살이 중년의 위기에서 일정한 역할을 차지하는 반면에, 상실에 대한 향수는 결과적으로 시간상의 현상만은 아니다.

이미 단순해진 내 삶을 더욱 한정함으로써 이 점을 더 분명히 할 수 있다. 내가 열여덟의 나이에 돌이킬 수 없는 직업 행로를 선택해야 했다고 상상해 보자. 분명 어려운 결정이다. 선택을 하는 순간 나는 지금 나를 괴롭히는 상실을 느낄 수밖에 없는 처지에 빠지기 때문이다. 나는 쓰지 않을 시와 실현하지 못할 삶을 돌이키며 예상된 박탈감을 경험한다. 상실이 아직 찾아오지 않았다고 해서 나를 실망으로부터 보호할 수 있는 것은 아니다.

그리 단순하지 않은 나의 실제 삶에서도 철학을 선택한 돌이킬 수 없는 결정 때문에 경험하기 어려운 미래가 만들어졌고, 그로 인해 후회 같은 무언가가 생겼다. 열일곱의 나 자신에게 부러운 것은 앞으로 얻게 될 모든 것들이 아니라 선택하기 이전의 시간들, 앞으로 발생할 상실을 깨닫기 이전의 시간들이다. 철학 용어를 빌리면, 관점의 변화는 시간상의 문제가 아니라 "인식론적인" 문제다. 즉 지식과 밀접한 관련이 있다. 감성적으로 볼 때, 유익한 무언가를 상실할 것임을 아는 것과 그것이 정확히 '무엇인지'를 아는 것, 내 야망 전부를 이룰 수 없다는 사실을 아는 것과 그것이 정확히 '어떤 것'인지를 아는 것 사이에는 근본적인 차이가 있다. 내가 상실의 고통을 느끼는 이유는 시인이나 의사가 될 수 없음을 알게 되는 때부터이며, 그전에는 그렇지 않았다.

나아가, 내가 갈등을 경험하는 것도 진지하게 고민하며 실제 결정을 내린 때부터이다. 물론 나만 그런 것은 아니다. 보상할 수 없는 상실을 수반하는 결정 때문에 고민하는 데는 경험적 근거가 있다. 2001년에 소비자들을 대상으로, 찬반양론이 공존하는 가운데 어떤 자동차를 구입하기로 결정할 것인지에 대해 조사한 사례가 있다. "조사자들은 의사결정 과정에서 '상충관계(하나를 얻으려면 다른 하나를 버려야 하는 상황 – 옮긴이)'에 직면한 사람들의 만족도와 판단력이 모두 저하되었다고 결론지었다." 당연한 결과이며, 이후의 여러 조사에서도 결론은 동일했다. 비약분 가치들 사이에서의 선택은 만족시키지 못한 욕망이라는 조건부의 전망형 인식을 유발한다. 이런 상황이 달갑지 않은 것은 분명하다. 선택을 하기도 머뭇거려진다. 어느 쪽으로 결정하든 만족스럽지 못한 결과가 예상되기 때문이다.

향수와 상실을 연결하는 것은 무엇이든 할 수 있었던 시점이 아니라 무언가에 마음을 정함으로써 상실에 직면하기 이전의 시점이다. 마음을 정하는 과정은 서서히 진행된다. 열여덟의 나이에 서명 한 번으로 성립되는 불변의 계약이 아니다. 선택권이 시간을 두고 천천히 사라지기 때문이다. 그래서 너무 늦은 시점에 이르러서야 비로소 선택권이 사라졌음을 깨닫는 경우도 많다. 나도 마흔이 되어서야 열일곱의 태평하던 시절을 떠올리며, 앞으로 무엇이 사라질지 알지 못했다는 사실을 깨달았다.

그럼에도 젊음의 그림 속에는, 그 매력이 무엇이고 내가 무엇을 설명하려 했든 상관없이, 여전히 가공의 무언가가 존재한다. 젊음의 큰 약점은 앞으로 무엇을 하게 될지 또는 무엇을 하지 않을지 알 수 없다는 데 있다. 향수에의 충동이 지닌 심각성을 드러내는 방식으로는, 이를 충족시킬 다른 방법들을 상상하는 경우를 들 수 있다. 내가 무엇을 잃고 있는지 아예 모른다면 상실감을 느끼지도 않을 것이라고 바란다면, 차라리 퇴행성 기억상실증을 바라는 편이 낫지 않을까? 내가 열일곱에 가졌던 것들을, 지금까지 해 온 일들을 망각함으로써 되찾을 수 있을지도 모른다. 내가 시인이나 의사나 철학자인 것을 기억하지만, 어느 것인지는 기억하지 않는 방식으로 말이다. 이상하게 들릴 수도 있지만, 이런 기대에는 감성적 구원이라는 매력이 숨어 있다. 젊은 시절의 기회에 대한 향수를 불러일으키는 '망각하는 자아(amnesiac self)'를 부러워하는 데는 한 가지 근거가 있다. 내가 부러워하는 것은 그의 미래가 아니라 후회에서 오는 상대적 자유이다. 다른 한편으로, 나는 가능하다는 전제하에서 당신이 기억상실증을 선택할지 의구심이 든다. 물론 나는 그러지 않을 것이다. 분명히 말하지만, 기억의 상실은 상처를 남긴다. 부분적으로는 정체성의 상실이라는 비극적인 상황과도 연관되기 때문이다. 나는 누구인가? 나는 무엇을 하며 살아가는가?

열일곱의 나이에서도 부분적으로는 동일한 이치가 적용된다는 사실을 잊어서는 안 된다. 살면서 무엇을 할지 모르는 상황이 자유롭게 느껴질 수도 있지만 혼란을 초래한다는 점도 알아야 한다. 작가 메간 다움(Meghan Daum)은 최근의 에세이에서 이 양면성을 환기한다.

> 이제는 내가 어디를 가든 가장 어린 사람이기는 어렵기에, 그 시절에 대한 그리움이 나를 미친 듯이 그때의 삶으로 이끄는 것을 깨닫는다. 내가 그리워하는 것은 아직 아무것도 시작하지 않았다는, 미래가 과거를 압도한다는, 현재는 남은 인생의 공제선을 채울 화려한 구조물의 계획 단계에 지나지 않는다는 느낌이다. 그러나 그 모두의 고독함을 나는 망각한다. 모두가 앞

에 있다면 뒤에는 아무것도 남지 않는다. 균형이 없다. 뒤에서
부는 바람 또한 없다. 아무것도 한 게 없기 때문에 무엇을 해
야 할지 알 수도 없다. 왜 지혜가 나이 듦의 위안으로 여겨지는
지 알 것 같다. 과거가 미래에 긴 그림자를 드리우듯이, 지혜는
가만히 서서 불신의 눈으로 지켜보는 것보다 훨씬 나은 것들을
선사하는 듯하다.

상황이 잘 흘러가는데도 향수로 인해 괴롭다면 놀이터
의 황량함, 즉 불확실성과 혼란, 희망, 공포를 돌이켜 보는 것
이 현명하다.

상실한 기회에 대한 향수는 관점에 따라 달라진다. 현재
로서는 비교적 안정된 상황에서 나의 젊음을 돌이키는 만큼,
안정된 지위에서 오는 약간의 자신감도 투사되기 마련이다.
동시에 미래가 열려 있고 무엇이 다가올지 전혀 모른다는 사
실이 나의 충족하지 못한 욕망의 방패막이가 되는 것도 사실
이다. 하지만 욕망은 환상에 불과하다. 전부를 가질 수는 없
다. 현재의 나에 대해서는 알 수 있지만, 현재의 내가 아닌 존
재에 대해서는 알 수 없다.

마지막으로 인지 요법의 마지막 단면을 음미해 보자. 나
와 워즈워스처럼 당신도 거의 모든 가능성이 열려 있던 유년

기의 불확정성이 그립다면, 지금 당신이 그토록 원하는 것은 퇴행성 기억상실증과 다를 바 없다고 자신에게 말하자. 그것은 당신의 삶에 의미를 부여하는 것과 유사한 수준의 구조적 해체를 요구한다. 유년기의 매력은 망상에 지나지 않는다. 뿐만 아니라 두 가지 교훈도 먼저 고려해야 한다. 즉 그때를 그리워한다고 해서 상실로부터 구원받을 수 있는 것은 아니며, 선택권이란 것도 현재의 삶을 내동댕이쳐도 될 만큼 가치 있는 것이 아니다.

그러므로 과거에 대처하기 위해 첫 번째로 받아들여야 할 철학적 사고는 바로 이것이다. "가지 않은 길, 살지 않은 삶!" 청춘에 대한 향수와 상실에 대한 후회가 가치 판단의 실수나 욕망의 결과에 대한 그릇된 해석으로 이어질 수도 있다. 이런 문제들은 이 장에서 소개하는 철학적 접근으로 충분히 해결할 수 있다. 지금까지의 내 주장이 독자들에게 얼마나 위안이 되었는지 말하기는 어렵다. 다만 그랬기를 희망할 뿐이다. 하지만 이런 생각들이 나의 중년을 바꾸기 위한 고민 과정에서 도움이 되었다는 사실만큼은 분명히 말할 수 있다.

항의도 염두에 두고 있다. 서로 논박하길 좋아하는 철학자들이라면 너무 내 입장에서만 이야기한다며 독자들에게 상기시킬지도 모른다. 하지만 내가 진정으로 바라는 것은,

내 것이든 독자들의 것이든, 의문에 빠진 삶이 잘 풀려 나가도록 하는 일이다. 실수와 불운, 실패 등으로 훼손된 삶에 대한 후회를 이제는 무시해야 한다. 내가 말하고 싶은 것은, 철학을 선택한 것이 잘못된 선택이 아니었으니 시인이나 의사가 될 수 없다는 사실을 받아들이라는 게 아니다. 하지 말았어야 할 말이나 행동은 더 이상 돌이킬 수 없다는 것을, 내 삶을 힘들게 했던 과거의 사건들은 더 이상 바꿀 수 없다는 것을, 그리고 두 번의 기회는 없다는 것을 받아들여야 한다는 것이다. 최선의 행운을 상정한 헛된 불평에 대해 철학이 위안이 되어 줄 수도 있다. 그렇다면 철학은 과연 남은 우리를 위해 무엇을 해 줄 것인가? 철학자들은 더욱 신랄하고 포괄적인 방식으로 후회를 관리할 수 있는 기법을 찾아내려 노력하고 또 진화해 왔는가? 4장에서는 그 대답이 '그렇다'임을 배우게 될 것이다.

4

지난날에 대한 후회

4

실수, 불운, 실패. 당신이 결코 택하지 말아야 했을 선택이요, 맞닥뜨리지 말아야 했을 곤경이요, 그랬었다면 결코 실현되지 않았을 계획들이다. 누구나 중년에 이르면 어느 정도 이런 상황들을 겪게 된다. 문제는 이런 상황들에 어떻게 대처하느냐다. 원하는 방향으로 삶이 흘러가지 않을 때 어떤 느낌이 들까? 철학이 과거를 바꿀 수는 없다. 하지만 받아들이도록 도울 수는 있다. 4장에서는 그 방법에 대해 설명한다.

시작에 앞서 선제적 회의주의(preemptive skepticism) 관념부터 살펴볼 필요가 있다. '실수, 불운, 실패의 느낌이 어떨까?' 이 질문을 들은 사람들의 상당수는 대답이 빤하다고 할 것이다. 자신을 속이거나 반대로 너무 희망적인 대답을 제외하고, 그리고 이런 일이 일어나지 않았기를 바라는 경우를 제외하면, 이런 사건들에 대해 우리는 어떤 태도를 취하게 될까? 그저 역사가 다시 쓰이기를 바라는 경우를 제외하면, 우리가 무엇을 할 수 있을까? 내가 오로지 진실만을 이야기했다면, 시험 결과가 부정적으로 나왔다면, 내가 한 해만 더 기다렸다면, 모든 것이 다르게 그리고 전보다 더 낫게 도출될 수도 있었을까? 과거를 향한 집착은 망상이며, 시간이 흐르면서 분노나 수치심도 무뎌질 수 있다. 그러나 정직하지 못하면 얻는 것도 없는 법이다. 리처드 포드(Richard Ford)의 1986년 작 소설 『스포츠라이터(The Sportswriter)』에 등장하는 프랭크 베스컴의 무덤덤한 신실함을 존경 안 할 사람이 있을까?

> 이제 이것 하나만 말하려 한다. 스포츠 기사를 쓰며 배우는 게 있다면, 그리고 그 속에 수많은 거짓과 함께 많은 진실도 담겨 있다면, 그것은 가치가 있든 없든 머잖아 당신의 삶도 소름 끼치는 극한의 후회에 직면하게 되리란 사실이다. 그렇더라도 그 상황을 적절히 회피할 수 있어야 한다. 그렇지 않으면 당신의 삶은 황폐해질 것이다.

여기서 얻는 교훈은 이렇다. "망치지 말라. 한 번 망가지면 이미 돌이키기에 너무 늦다."

그러나 너무 늦은 것만은 아니다. 그렇지 않은 경우
도 있기 때문이다. 이따금씩 구설에 오르는 윌리엄 포크너
(William Faulkner)의 격언이 있다. "과거는 절대 죽지 않는다.
심지어 지나가지도 않았다." 한쪽 편에 있는 실수와 불운, 실
패, 그리고 다른 편에 있는 후회, 이들 사이에는 차이가 있
다. 과거를 돌이키며 그 당시에 먼저 했어야 할 일과 했어야
했거나 바랐어야 했거나 받아들였어야 했지만 그렇지 않았
던 일을 구분하는 것은 어렵지 않다. 이것은 예상치 못한 결
과가 드러났을 때 더욱 분명해진다. 철학자 제이 월리스(Jay
Wallace)가 제시하는 좋은 사례가 있다. 당신을 차에 태워 공
항에 바래다주기로 약속했는데, 출발 당일 내가 늦잠을 잤다
고 가정하자. 결국 당신은 비행기를 놓쳤는데, 나중에 알고
보니 그 비행기가 바다에 추락하여 승객 전원이 사망했다. 나
는 약속을 어김으로써 하지 말았어야 할 일을 했다. 하지만
지금에 와서 돌이킬 때 그 일을 했기를 바라지는 않을 것이
고, 그건 당신 입장에서도 마찬가지다!

이 사례에서 차이를 이해하기가 그리 어렵지 않은데
도 사람들은 종종 간과한다. 심리학자 재닛 랜드먼(Janet
Landman)은 저서 『비탄에 잠겨(In Regret: The Persistence of the

Possible)"에서 1949년에 시행된 갤럽 여론조사를 인용한다. 전국의 성인들을 표본으로 "지금까지 살아오면서 범했던 가장 큰 실수"가 무엇인지를 묻는 조사에서 69퍼센트는 한 가지씩 응답했다. 그중 가장 많은 22퍼센트가 응답한 내용은 교육을 제대로 받지 못한 사실이었다. 10퍼센트는 결혼과 관련하여, 8퍼센트는 직업 선택과 관련하여 실수를 했다고 응답했다. 1953년에 갤럽이 시행한 또 다른 여론조사의 질문은 이랬다. "인생을 다시 산다면, 지금까지와 거의 동일하게 살겠습니까? 아니면 다르게 살기를 원합니까?" 다시 살더라도 지금까지와 다르게 살 것이라고 응답한 비율은 40퍼센트에 채 미치지 못했다. 랜드먼은 이 수치가 왜 이렇게 낮은지 설명하지 못한다. 삶에 대한 후회의 비율이 불과 4년 만에 이처럼 급격히 낮아진 근거가 트루먼 대통령 때문일까? 기적적이다! 문제는 조사 과정에서의 질문이 전혀 다르다는 데 있다. 첫 번째 질문은 실수, 즉 하지 말아야 할 무언가에 대한 것이었다. 두 번째는 후회에 대한 것으로, 현재의 시점에서 과거를 돌이키는 데 지나지 않는 것이다. 따라서 시간을 되돌린다면 그 실수들뿐 아니라 그로부터 빚어진 여러 가지도 지워 버릴 수가 있다. 그러므로 수치가 낮게 나오더라도 전혀 이상할 게 없다. 실수에 대한 후회는 당신을 곤경에 빠뜨

어떡하죠, 마흔입니다

린 사건을 인정하는 것뿐 아니라 그 상황이 일어나지 말았으면 하는 바람까지 포함하는 의미로, 실수 그 자체와 그로 인한 결과까지 인생의 기록에서 지워 버리고 싶기 마련이다.

따라서 희망의 여지도 있다. 실수를 범해서 곤경에 처하고 모든 노력이 허사로 돌아가는 상황에서도 우리는 솔직함과 후회 사이의 여백을 바라볼 수 있다. 즉 과거의 실수가 정확히 어떤 것인지를 인식하는 것과, 일이 잘못되기 시작한 시점으로 되돌리기를 바라는 것 사이의 차이를 이해해야 한다. 중년을 채우는 후회를 잠재우기 위해 굳이 타임머신까지 필요하지는 않다. 우리에게 필요한 것은 현재와의 관련성을 조명하며 과거의 사건을 바라볼 수 있는 이성적인 시각이다. 이어지는 내용에서 우리는 그 가능성을 살펴볼 것이다. 조금 더 솔직하게 접근하고, 한계도 인정하며, 더 효과적으로 더 복잡할 수도 있는 전술들을 규명하려 노력할 것이다. 그래서 궁극적으로는 당신이 활용할 만한 전략들을 찾아낼 수 있기를 바란다.

후회에 대한 철학적 처방

나에 대한 가상적 상황으로 이야기를 시작한다. 내가 철학과 그 음울한 취업 시장을 감당할 자신이 없어 결국 회계사가 되었다고 가정하자. 이 글을 읽는 회계사들에게는 실례가 될 수도 있지만, 내가 아는 한 그 선택은 명백한 실수였다고 하자. 하지만 나는 이성과는 반대로 행동하고 있고, 시간이 지나면 회계사라는 직업이 수입은 좋지만 마음은 불편하고 따분한 직업이라는 사실을 깨닫게 될 것이다. 그렇지만 뜻밖의 비행기 사고라는 기막힌 역설을 상기해 볼 때 나의 이러한 예측은 완전히 잘못된 것이다. 몇 년 뒤, 나는 데이비드 포스터 월리스(David Foster Wallace)의 말이자 자신의 마지막 미완성 소설의 원고에도 수록된 구절에 고개를 끄덕인다.

(살아서 생각할 수 있다는 은총에 이어지는 기쁨이자 은혜인) 행복은 지독한 지루함의 맞은편에 자리하는 것이 분명하다. 당신이 찾을 수 있는 가장 따분한 일(소득 신고나 골프 중계 같은)에 집중해 보라. 그러면 지금껏 본 적 없는 지루함이 거대한 물결을 이루며 당신에게 들이닥쳐 질식하게 만들 것이다. 슬기롭게 극복해야 한다. 그것은 흑백에서 벗어나 천연색의 세상으로 들어가는 것과 같다. 사막에서 몇 날을 보내고 받아든 물처럼. 모든 원자에 행복이 영원하기를!

지금까지 이야기는 내가 회계사를 선택했을 때를 가정

한 상황이다. 끝없이 반복되는 회계 감사, 파일 점검, 소득 신고 등 말할 수 없이 지루한 일들을 무한한 즐거움으로 뒤바꾸는 환상의 연금술.

실수에도 불구하고 후회하지 않는 간단한 방법은 애초에 기대한 것보다 나은 무언가로 뒤바꾸는 것이다. 미래의 출현을, 앞으로 일어날 일을 미리 알 도리는 없다. 그러나 지금은 그 미래를 알게 되었으니 이것을 가능케 한 실수조차도 기꺼이 받아들인다. 당신의 삶을 돌이켜 보면 사소한 것에서 커다란 사건에 이르기까지 이 유형에 부합하는 일들을 어렵지 않게 찾을 수 있다. 실수도 인간이 처하는 상황의 한 부분이다. 실수는 애초에 예상했던 근거보다 더 낫거나 혹은 더 나쁜 결과를 초래하며, 잘못된 결정을 전화위복으로 만들거나 현명한 결정을 망쳐 버릴 때도 있다. (스스로 결정한 일이 아니라 갑작스럽게 닥친 사건들에도 같은 이치가 적용된다.)

반면에 무언가를 최선으로 뒤바꾸는 일은 계획의 문제가 아니다. 당신에게 달린 것도 아니요, 당신이 통제할 수 있는 일도 아니다. 관점의 문제라기보다는 운에 달렸다. 따라서 뜻밖의 결과라는 행운은 과거를 포용하기 위해 고민하는 중년들에게는 별로 쓸모없는 존재다. 음악가라는 유망하지만 불안정한 직업을 그만두고 그리 놀랄 일도 없는 기업 변호사가 되었지만, 지금은 젊은 시절의 그 결정을 되새겨 보려는 나탈리에게도 도움이 안 되기는 마찬가지다. 또한 주변의 잘 못된 조언으로 결혼을 했지만 실패를 바라보아야 했던, 하니 프 쿠레이시(Hanif Kureishi)의 『인티머시(Intimacy)』에 등장하는 화자 같은 사람에게도 도움이 되지 않는다. "그녀가 처음으로 내 팔에 자기 손을 올려놓았을 때, 나는 돌아섰어야 했어. 왜 그러지 않았지? 낭비야. 시간과 감정의 낭비."

이것은 더욱 흥미로우면서도 어려운 경우다. 즉, 하지 말아야 했던 일, 일어나지 않길 바랐던 일들에 대한 후회를 어떻게 줄일 수 있을까? 어쩌면 당신이 도움을 바라는 상황일 수도 있다. 불만족의 장부에서 차감할 수 있는 방법이 있을까?

얼마든지 가능하다. 최근 철학계에서도 이런 사실을 인식하고 있다는 점을 한 철학자의 사고실험을 통해 추정할 수 있다. 이 사고실험은 적어도 철학자들 사이에서는 널리 알려져 있다. 영국 철학자 데릭 파핏(Derek Parfit)은 중국에서 생활하던 선교 의사 부부에게서 태어났다. 이튼에서 학교를 다녔고, 옥스퍼드에서 근대사를 공부했으며, 스물세 살부터는 철학으로 전향했다. 1967년에 올소울즈칼리지에서 우수 장학생으로 선발된 후로 50년간 이 대학에 몸담았다. 특이한 습관에 번뜩이는 눈빛, 광적인 과학자들처럼 하얀 곱슬머리를 가졌던 파핏은 그 특이한 모습 때문에 『뉴요커』지에 소개되기도 했다. (5장에서 죽음에 대해 생각할 때 파핏을 다시 만난다.) 1976년 파핏은 새로운 삶을 그리고 있었다.

이제 파핏이 제시하는 흥미로운 가정을 따라가 보자. 앞으로 3개월 안에 임신할 경우 아이에게 영향을 미칠 수 있는 의학적 상황이 당신에게 주어졌다. 만약 태어나면 그 아이는 만성 관절통이나 재발성 편두통처럼 완치가 어려운 심각한 질병을 안고 평생을 살아야 한다. 파핏은 당장 임신해야 할 이유는 없으므로 임신 시기를 미뤄야 한다고 결론지었다. 곧바로 '왜'라는 의문이 생긴다. 아이를 임신하여 낳았다 하더라도 그 아이가 당신에게, 조금만 더 기다렸더라면 더 나았을 것이라며 불평할 수는 없다. 그랬다면 아이의 존재는 아예 없을 테니까! 그렇게 부모가 되었다면 몇 달이나 몇 년이 지난 뒤에 또 다른 아이를 가졌을 수도 있다. 하지만 우리에게 중요한 것은 과거를 바라보는 태도이다. 여기 당신의 아이가 고통과 싸우며 자라고 있다. 아이는 비록 예측 가능한 고통을 안고 있더라도 전반적으로는 괜찮은 인생을 살아가고 있다. 과거로 돌아간다면 임신을 조금 기다리는 선택이 현명할 수도 있다. 하지만 지금은? 당신의 결정을 후회할 것인가? 아이의 존재를 지우고 과거를 새로 써서 다시 시작해야 할까? 아니라고 말해야 하지 않을까?

기다렸어야 했음에도 그러지 않았다는 사실이 오히려 고맙다. 이러한 태도 변화를 무엇으로 설명하고 무엇으로 정당화할 수 있을까? 신비로운 무언가가 있어서가 아니다. 그 차이를 만드는 것은 바로 아이의 존재다. 살아 있어 행복해하는 아이를 당신은 사랑한다. 임신을 늦추었다면 그 아이는 세상에 태어나지 못했을 테니까. 후회의 속삭임을 단번에 침묵시키는 것이 바로 삶의 소중함이다. 결정 자체는 나빴을지 몰라도, 설사 우려했던 결과가 생겼다 하더라도 과거를 끌어안아야 하는 근거다. 그 근거에는 이름이 있다. 바로 당신 아들의 이름이다.

직업 때문에 고민하는 변호사와 결혼에 실패한 쿠레이시에게 필요한 첫걸음이 바로 여기에 있다. 나탈리는 데이비드 포스터 월리스의 계시를 받지 못했다. 그녀에게 법을 적용하는 일은 우리가 일상적으로 생각하는 지루함의 강도만큼 따분한 일이었다. 어떻게 해야 나탈리는 음악을 포기한 결정을 후회하지 않을 수 있을까? 피아노 연주를 너무나 좋아했는데도 피아니스트의 길에 뛰어들지 못한 후회 말이다. 이제 이론적인 해답은 구할 수 있다. 만약 나탈리에게 아이가 있다

어떡하죠, 마흔입니다

면 스스로에게 이렇게 말할 수 있을 것이다. "그 일이 따분한 것은 부인할 수 없어. 내가 더 좋아하는 일들도 분명히 있을 테고. 하지만 내가 법학대학원에 가지 않았다면 지금의 남편인 앨을 만나지 못했을 것이고, 앨을 만나지 못했다면 딸아이 샘을 가질 수도 없었겠지. 내가 피아노를 고집했다면 딸은 존재할 수 없었어. 그 아이를 사랑하기에 두 번째 기회 같은 것은 바랄 수 없어. 어느 현자의 말처럼 상실은 어쩔 수 없는 것이고, 나 역시 지금까지의 삶에서 잃은 것이 있다는 사실을 부인하지는 않아. 그러나 전체로 보면 나는 내 삶을 후회하지 않으며, 그래야 한다고도 생각하지 않아." 쿠레이시의 소설에 등장하는 주인공 제이도 같은 경우다. 그 역시 방향을 달리했다면 사랑하는 아들이 결코 세상에 태어날 수 없었을 것이다.

조금 더 논의를 진전시켜 보자. 후회로부터 실수와 불운, 실패를 방어하는 한 가지 방법은 예상보다 나은 무언가를 만드는 것이다. 그러나 그렇지 못한 상황이라 하더라도 후회가 필수는 아니다. 내가 따분하게 살아가는 변호사의 입을 통해 한 말 속에 놀라운 지적 기교가 숨어 있는 것은 아니다. 그저 과거와 화해하기 위한 매우 이성적인 방식을 언급했을 뿐이다. 부모, 아직 부모가 아닌 사람은 부모의 입장에서 생각하려고 노력하기를 바란다. 중년의 후회 때문에 고민하는 사람들은 이렇게 자문해 보자. 내 딸아이를 임신한 이후로 발생한 문제나 역경들 중에서 ―물론 딸아이가 없었으면 일어나지 않았을 일들이다― 아이의 존재에 대한 대가로서 기꺼이 받아들여야 하는 것은 어떤 것들인가? 이런 것들은, 물론 그 당시에는 유감스러웠을지 몰라도, 지금으로서는 후회할 필요가 없는 지나간 과거일 뿐이다.

이 처방이 얼마나 효과가 있을까? 여기에는 명백한 한계가 있다. 뜻밖의 비행기 사고를 언급한 제이 월리스와 달리, 나는 우리가 사랑하는 사람들과 그들을 이끈 역사를 무조건적으로 긍정해야 한다는 데 동의하지 않는다. 월리스의 이러한 믿음은 많은 논란을 낳는다. 예컨대 내가 아들을 사랑하더라도 유대인 대학살이 일어나지 않았더라면 아들은 존재하지 못했을 것이다. 대학살 때문에 내 아내의 외할머니가 1938년에 독일을 탈출했기 때문이다. 따라서 월리스의 논리대로라면 대학살이라는 무시무시한 상황에도 불구하고 나는 히틀러의 집권을 합리화할 수밖에 없다. 내가 선호하는 조금 더 부드러운 관점에서 접근하자면, 애착의 힘은 충분히 무효화할 수 있다. 과거의 사건들이 아무리 대단했더라도 애착은 후회의 맞은편에 자리하여 부분적 균형을 이루는 것에 지나지 않으며, 상황을 더 복잡하게 만들 뿐 뒤집을 수는 없다.

또 다른 한계도 있다. 우리가 찾아낸 전술은 아이의 임신과 관련된 과거 사건에만 적용할 수 있다. 그럼 거의 쓸모가 없다는 의미일까? 다행히 희소식도 있다. 혼돈 이론가들이 이른바 '나비효과'를 언급하며 말하는 것처럼, 과거에 아주 사소한 것이 바뀌어도 미래는 크게 달라질 수 있다. 당신의 아들이나 딸을 임신하기 전에 일어난 많은 행동이나 사건들은 충족시킬 필요가 있는 조건을 충족시킨다. 즉 그 조건을 위해 존재한 것이다. 반면에 나쁜 소식도 있다. 일단 아이가 태어나면 이제 모든 것은 당신의 뜻대로다. 이어지는 재난들을 해결하기 위해서는 이제 다른 수단들에 의존해야 한다.

이 모두는 후회의 구제책으로서 새로운 삶에 호소하는 방식에 커다란 결함이 있음을 의미한다. 일반적인 상황에서는 이 처방이 생물학적 부모와 몇 년의 시간에 대해서만 적용이 가능하다. 가장 직접적인 예외를 들자면, 잠재적 후회의 대상이 아이를 갖지 않기로 한 결정일 경우에는 이 처방이 아무런 소용이 없다. 철학이 실망에 대한 해독제로서 아이들이라는 감성적 영역의 편을 들어야 할까? 과거의 잔해를 치유하는 의미의 유일한 근거로서 말이다. 아니면 행운과도 상관이 없고 출산의 가치와도 거리가 먼 무자녀 상황의 부모처럼, 다른 곳에서도 위안을 발견할 수 있을까? 이 질문에 정답을 얻기는 쉽지 않다.

후회를 잠재우는 방법

이런 의문을 제기한 것이 우리가 처음은 아니다. 버지니아 울프는 평생에 걸쳐 쓴 일기에서 부모의 존재를 반복해서 언급한다. 특히 부모가 되기를 거부한 자신의 결정과 언니 바네사 벨의 상반된 삶이 자주 엿보인다. 1923년 1월 2일의 일기다.

> 어제 우리는 로드멜에서 돌아왔다. 그리고 오늘은, 간호사들이 흔히 쓰는 표현처럼, 기분이 좀 그렇다. 그것이 무엇이고 이유는 또 무얼까? 아이를 바라서, 언니의 삶을 바라서, 무심결에 내 주변을 허물어 버리는 꽃향기를 바라서… 아마도 그런 듯하다… 그 시절, 리튼과의 그 일이 있은 후 나는 베이루트의 언덕을 오르며 내게 말했었다. 갖지 못한 것은 가질 가치가 없는 것이라며 허세 부리지 말라고. 내가 생각해도 훌륭한 충고였다. 이따금씩 그런 일이 생기곤 한다. 이를테면 아이를 다른 것들로 대체할 수 있는 척하면 안 되는 그런 것.

버지니아 울프에게는 소설이 그랬다. 6년 뒤, 소설 『올랜도』가 『맨체스터 가디언』에서 걸작으로 선정되면서 그녀는 다시금 상실감에 빠졌다.

『올랜도』가 걸작으로 인정받는다. 『더 타임스』는 언니의 그림들을 언급하지 않는다. 그럼에도 지난밤에 언니는 말했다. 그림 하나를 위해 긴 시간을 보냈노라고. 그때 나는 혼자 생각한다. 내게도 아이를 대신할 무언가가 있다고. 그리고 우리의 삶을 비교할 필요가 없다고. 하지만 내가, 정확한 표현인지는 모르지만, 아이디어라고 부르며 열중하는 그 비전, 그 모든 욕망으로부터 움츠러드는 나 자신을 발견한다.

현실의 삶은 사고실험이 아니다. 여자 형제가 반사실적 자아도 아니다. 하지만 울프의 문제에서 우리도 자유롭지 못하다. 『올랜도』 같은 작품을 집필하거나 인위적인 무언가를 만드는 활동에 대한 애착이 과연 후회에 대한 처방으로서 아이들의 역할을 대신할 수 있을까? 울프가 그 고민 많던 변호사의 되울림이라고 해야 할까? 그녀라면 뭐라고 말할까? "어쩌면 내가 아이를 갖기 위해 노력했어야 했을지도 몰라요. 단정할 수는 없지만 말이에요. 하지만 그러지 않았다고 해서 후회하지는 않아요. 엄마가 되었더라면 글을 쓸 시간이 줄어들고, 걱정은 많아지고, 많이 산만해졌겠죠. 게다가 몇몇 책들은 빛을 보지도 못했을 거고요. 내 일을 사랑하는 만큼 과거를 되돌리고 싶은 생각은 없어요."

아이에 대한 애착과 단순한 무언가에 대한 애착 사이에는 당신이 창조하지 않은 인간에 대한 애착, 즉 당신과 전혀 관련이 없는 존재에 대한 애착이 자리한다. 여기서 또 하나의 의문이 생긴다. 다른 방식으로는 후회할 수밖에 없는 상황을 과연 인간관계로서 얼마나 메울 수 있을까? 울프는 소설『등대로』를 통해 이 화두를 건드린다.

> 그리고 그가 무엇 때문에 투덜거리는지, 그녀는 웃음 반 불평
> 반으로 물었다. 그의 머릿속이 웬만큼 짐작되었다. 아마도 그
> 가 결혼하지 않았더라면 더 나은 책들을 썼으리라.
> 그는 불평하지 않는다고 했다. 그가 불평하지 않는 것을 그녀
> 도 알았다. 불평할 만한 것이 없었으니까. 그는 그녀의 손을 잡
> 아끌어 자신의 입술에 대고는 강렬하게 입맞춤을 했다. 그녀의
> 눈에 맺힌 눈물을 그는 곧바로 털어 냈다.

이 사례가 우리의 모델에 들어맞는지는 분명치 않다. 램

지가 길을 잃은 사람은 아니기 때문이다. 어쩌면 그는 결혼으로 얻는 혜택이 치러야 할 대가를 능가한다고 믿었는지도 모른다. 하지만 다른 방향으로도 상상이 가능하다. 나탈리는 아이가 없고, 남편 앨을 만나지 않았더라도 아무 문제없이 살아왔을 거라고 믿는 실용주의적인 여성이라고 가정해 보자. 앨이 아닌 다른 남자를 만나 결혼을 했든지 아니면 혼자서 행복하게 살았을 수도 있다. 다른 한편으로, 그녀는 앨을 사랑하며, 법학을 공부하지 않았더라면 그를 만나지 못했을 것이다. 이 경우 나탈리는 과거의 잘못된 선택을 포용하기 위한 근거로서 앨과의 인간관계를 내세울 수 있을까?

철학자 로버트 애덤스(Robert Adams)는 1979년에 출간한 인상적인 에세이 『존재, 이기심, 그리고 악폐(Existence, Self-Interest, and the Problem of Evil)』에서 '그렇다'고 수차례 강조한다. 즉 행위와 인위적인 것, 인간관계에 대한 애착은 그 당시에 받아들이지 말았어야 했던 사건들에 대한 회고적 확신을 정당화한다. 그는 이와 같은 애착을 부모보다는 우리 자신의 존재를 긍정하는 방식과 비교한다.

> 우리 자신에게 갖는 애착의 실체는, 합리적인 자기중심성 측면에서 볼 때, 단순히 추상적인 정체성뿐만 아니라 여러 가지 계

획과 인간관계, 우리의 개인사 혹은 성향과 관련된 가장 중요한 몇몇 특징들도 포함한다. 우리의 삶이 훌륭하다면, 그보다 더 훌륭할 수도 있지만 지금까지와는 완전히 다른 삶보다는 지금의 삶을 기꺼이 받아들일 수 있는 이유가 있기 때문이다. 우리가 지금보다 더 낫고 더 훌륭한 사람이어서가 아니라 이 세상에 존재한다는 사실만으로 기뻐해야 하듯이 말이다.

당신은 어떨지 모르지만, 나는 이 글을 읽으며 현명하다는 느낌과 동시에 묘하게 복잡하다는 생각도 든다. 나탈리가 지금 충분히 행복하다면, 그녀가 전체적으로 자신에게 더 나았을지도 모를 삶보다 지금의 삶, 즉 남편 앨과 친구들, 취미, 관심사, 미덕과 악덕 등 이 모두를 포괄한 현재의 삶을 우선한다는 설명도 가능하다. 옳은 말일 수도 있다. 하지만 어떻게 그럴까? 상대적으로 더 못하다고 생각하는 삶을 우선한다는 게 과연 이성적일까? 애덤스는 인간이 처하는 상황에 대해 약간 심오한 진실을 말하고 싶을지도 모르지만, 우리가 여길 떠나 버리거나 더 이상 아무 말도 하지 않는다면 그 진실은 모호함 속에 묻혀 버린다. 이 장의 마지막에서 내가 이 진실을 어떻게 받아들이는지 설명할 것이다. 하지만 그 전에, 왜 그 진실이 우리의 손아귀를 벗어나지 못하는지 그것부터 유의해서 살펴보기로 하자.

기원전 4세기가 시작될 무렵 스승 소크라테스에 대한 글을 쓰던 플라톤의 이야기로 시작해 보겠다. 소크라테스는 풍자와 날카로운 위트, 역설적 관점으로 유명한 『플라톤의 대화』(Platonic dialogues, 플라톤이 엮은 소크라테스 대화집 – 옮긴이) 시리즈의 등장인물로 나온다. 그의 가장 유명한 신조는 이렇다. "누구도 선(善)을 제쳐 두고… 악(惡)을 향해 또는 자신이 악이라고 믿는 것을 향해 기꺼이 나아갈 사람은 없다." 그리스인들이 말하는 "아크라시아(akrasia, '자제력 결핍'을 의미함 – 옮긴이)"란 더 나은 판단과 대비되는 것을 자발적이고 의도적으로 받아들이는 행동을, 즉 남들이 더 못하다고 생각하는 것을 일부러 실행하는 것을 의미한다. 소크라테스는 이런 행동 자체가 불가능하다고 했다. 놀라운 주장이다! 언뜻 생각하면 일리가 있다. 해야 한다고 생각하면서도 실행하지 못하는 경우가 너무나 일상적이니까 말이다. 그러나 이 관념을 역설하는 실재론자들도 더 나은 판단에 반하는 선택이 '비이성적'이라는 사실을 일반적으로 시인한다. 담배를 끊어야 한다고 생각하면서도 또다시 담배를 무는 것은 이성에 반하는 행위이다.

이 관념은 자연스럽게 우선권과 욕망으로도 확장된다. 나쁜 것을 알면서도 원하거나, 좋은 것을 알면서도 원치 않거나, 더 못하다는 것을 알면서도 우선하는 태도는 비록 가능할 수는 있어도 전혀 이성적이지는 않다. 그렇다면 애덤스는 틀렸다고 해야 한다. 우리의 변호사는 할 수 있을 때 피아노를 계속 고집했어야 한다고 믿는다. 변호사로서 나탈리의 삶은 예상을 벗어나지 못했다. 뿐만 아니라 그녀는 과거의 실수를 긍정할 하나의 근거로서 아이의 존재를 지적할 수도 있다. 그녀가 애덤스의 유형을 따른다면, 자신의 실제 선택이 더 나빴음을 인정하면서도 음악을 선택하지 않은 사실을 기꺼이 받아들일 것이다. 소크라테스가 무덤에서 뛰쳐나올 노릇이다.

지난 몇십 년 동안 행동경제학자들은 최선을 추구해야 한다는 대전제를 뒤집어 왔다. 허버트 사이먼(herbert Simon, 미국의 경제학자, 심리학자 및 인지학자 – 옮긴이)이 1956년에 구축한 '만족화(satisficing)' 전략에 따르면, 인간은 충분한 만큼의 결과물에 만족하며 더 나은 결과가 있다 하더라도 크게 초조해하지 않는다. 이런 현상은 현대 사회에서 선택권의 잉여에 대처하는 하나의 특징적인 방식이다. 새 셔츠를 구입할 때 만족자(satisficer, 적정 만족을 추구하는 사람 – 옮긴이)는 옷이 몸에 잘 맞고 예쁘고 가격이 너무 비싸지 않으면 구매를 결정한다. 반면에 극대화자(maximizer, 만족을 극대화하려는 사람 – 옮긴이)는 더 저렴하고 멋진 셔츠를 찾아 쇼핑을 계속한다. 시간에 따르는 비용은? 당연히 계산에 포함된다. 다만 다른 측면을 더 비중 있게 여기고 최적화할 뿐이다. 참 할 일도 많다!

만족자의 입장이 현명하게 들릴 수도 있지만 그것으로 '삶을 긍정하려는' 우리의 변호사를 옹호하기는 어렵다. 이렇게 말할 수도 있다. "더 나은 선택권이 있을 거라고 생각해요. 하지만 굳이 찾으려 하지 않아요. 지금의 선택도 충분히 좋으니까요." 그러나 이렇게 표현하면 의미가 전혀 달라진다. "이 것보다 나은 구체적인 대안을 나는 알고 있어요. 하지만 원치 않아요." 첫 번째 언급도 이해는 되지만, 여기서 당면한 내용은 두 번째다. 나탈리는 구체적인 대안, 즉 피아니스트로서 성공하려 노력하는 것이 실제 선택보다 나았으리라고 믿는다. 그때로 돌아간다면 당연히 선택을 달리 했어야 한다. 그럼에도 지금 그녀는 그 선택을 우선하지 않는다.

우리 역시 그녀의 이런 태도 변화를 설명할 수 없다. 만족화가 이성적이라면, 나탈리는 애초부터 만족하고 자신의 결정을 방어했어야 한다. "법학도 내게는 충분히 좋아. 왜 음악 때문에 골머리를 앓아야 해?" 하지만 현실은 그렇지 못했다. 대신에 나탈리는 자신이 실수라고 생각하는 선택을 기꺼이 받아들이는 것으로 마무리한다.

어쩌면 나탈리는 자신의 결정에 대한 생각을 가다듬은

후에야 비로소 만족하기로 한 것은 아닐까? 그러나 이것도 설득력이 부족하다. 만족화에서 얻는 것이라고 해 봐야, 음악을 법학으로 대신한 것처럼, 무언가에 대한 실질적인 욕망이 아니라 더 나은 대안에 대한 무관심일 뿐이다. 엎질러진 우유를 두고 울부짖어 봐야 아무 소용없다. 반대로 우유를 엎질렀으므로 행복해해야 하는 것도 아니다.

이제 애덤스의 통찰과 관련된 문제를 살펴보자. 그가 주장하는 것은 비교 평가와 욕망 사이의 전례 없는 균열, 즉 더 못한 무언가를 우선하는 것이다. 이것이 비합리적이지 않다면 무엇을 더 언급해야 할까?

출산에 대해서라면 우리도 할 말이 있다. "그래요, 임신을 늦춰야 했던 게 맞아요. 그게 현명한 선택이었을 것이고, 그랬다면 내가 생각한 대로 모든 게 달라졌을 거예요. 하지만 상황이 바뀌었어요. 만약 그랬더라면 태어나지 못했을 내 아들의 실존이 모든 걸 뒤바꾸어 놓았어요." 행위에서든 뭐든 이런 말은 그리 신빙성 있게 들리지 않는다. 사람의 영향력이 철학을 초월하는 환경에서 ―서양 문화의 진보적 인본주의 유산의 영역에 속한다― 인생의 가치는 다른 어떤 것들의 가치로도 대체할 수 없다. 1장에서 소개한 임마누엘 칸트는 존엄(dignity)과 가치(price)를 대비한다. "가치를 가진 것은 다른 '등가물'로 대체할 수 있다. 반면에, 가치의 수준을 넘어서 어떠한 등가물도 용인하지 않을 때 존엄하다고 말한다." 시간을 되돌려 아들을 지우고 다시 시작하려 하지 말아야 하는 이유도 인간의 삶이 존엄하기 때문이다. 그런데 칸트 철학의 관점에서 보면 『올랜도』 같은 걸작처럼 단순히 인위적인 것에도 가치는 있다. 버지니아 울프가 더 나은 소설을 쓸 수 있었다고 해서 기존의 작품을 소망하지 않았다고 하는 것도 비합리적으로 보인다.

우리가 하는 일에 비추어 보면 요점은 더 분명해진다. 30여 년 전에 철학자 마이클 브래트먼(Michael Bratman)은, 일이 우리에게 요구하는 것도 있지만 ―당신이 시작한 일은 당신이 끝내야 한다― 하나의 일을 단순히 선택했다고 해서 그일을 추구할 추가적인 근거가 생기는 것은 아니라고 지적했다. 더러는 잘못된 결정조차도 그냥 실행함으로써 정당화되기도 한다. 물론 불합리한 경우다. 현실적인 사례를 들자면, 내가 다시 대학원으로 돌아가 봄 학기 수강 과목을 선택해야한다고 가정하자. 논리학을 선택하면 내용은 어렵더라도 직업적으로 많은 도움이 되겠지만, 윤리학을 들을 경우에는 재미는 있어도 배우는 것은 많지 않다. 중요한 결정을 내려야할 상황이다. 두 가지의 장단점을 신중히 고민한 나는 결국 논리학이 더 낫다는 결론에 이른다. 그것이 내가 택해야 할 결정이다. 그런데 불행히도 아크라시아에 부딪힌다! 수많은 기호들의 숲에 주눅이 든 나는 더 나은 판단을 뒤로한 채 윤리학을 수강하고 만다. 긍정의 근거가 아이의 존재처럼 일의 실체라면, 지금에 와서 돌이켜 볼 때 나는 내 선택을 긍정할 근거로서 윤리학을 선택했다는 사실을 강조할 것이다. "실수한 건 맞아. 하지만 그 선택을 기꺼이 받아들이겠어. 다른 선택을 했더라면 지금의 선택은 존재할 수 없었을 테니까." 매우 잘못돼 보인다. 인위적인 것들이 그렇듯이 일 또한 마찬가지다. 이런 것들의 의의는 칸트 철학에서의 존엄이 아니라 가치에 있다. 더 나았을지도 모를 대안을 두고 지금 실제로 하는 일을, 그저 지금 하고 있다는 이유만으로 우선해야 하는 근거는 없다.

인간관계의 사례는 더 복잡하다. 연인들은 관계 발전의 가능성이 보일 때는 서로를 외면하며 '더 나은 사람으로 갈아타려' 하지 않는다. 그러나 당신이 Y보다는 X와 더 행복한 결혼생활을 했으리라고 생각하면서도 Y도 그리 나쁘지 않았다고 진심으로 믿는다면, 함께했기를 바라는 사람은 당신과 X여야 하지 않을까? 지금이야 너무 늦은 생각이겠지만, 이것이 지금까지의 사랑을 지워 버릴 만한 근거가 될 수는 없다.

어떡하죠, 마흔입니다

결론을 얘기하자면, 우리는 애덤스의 견해에 담긴 지혜에 대해 대단히 무지하다. 우리의 삶을 있는 그대로 긍정할 수 있고, 그 모든 행위와 인위적인 것들, 인간관계의 존재가 지닌 힘으로 과거를 회복하고 후회를 잠재울 수 있다는 말은 무척이나 고무적이다. 하지만 이것이 과연 진실일까?

무지는 행복인가

이제 불을 조금 밝혀 보려 한다. 우리가 탐구할 길은 최소한 두 가지다. 하나는 다른 것보다 더 깊이 들어가지만, 둘 다 나름대로 유익함이 있다. 첫째, 회고의 본질적 특징은 당신의 삶을 돌이키더라도 아무런 해가 없다는 점이다. 지금까지 당신의 삶은 과거의 영역이며 그 과정에 대한 불확실성은 거의 혹은 전혀 없다. 이와 대조적으로, 역사를 새로 쓰고픈 욕망은 더 나은 무언가를 향한 기회를 얻고자 하는 욕구를 의미한다. 그 기회를 바라는 것이 합리적인지 아닌지는 위험을 꺼리는 것, 즉 숲 속의 새 두 마리보다 손 안의 한 마리를 우선하는 것이 합리적인지 아닌지에 달려 있다. 이 관점에서 보면 지금 당신의 상황은 당신이 고민 중인 과거 상황, 어떤 식으로든 위험이 따랐던 과거의 상황과는 판이하게 다르다.

음악과 법학 사이에서 결정해야 했던 나탈리를 다시 떠

올려 보자. 경제학 용어를 빌리면, 나탈리는 완만하게 위험 회피적인 성향을 보인다. 약간의 도박은 받아들일 수 있지만 많이는 아니다. 그런 나탈리에게 두 가지 배팅 상황을 주고 선택하도록 했다고 가정해 보자. 티켓 A를 선택하면 동전의 앞면이 나왔을 때 40달러, 뒷면이 나왔을 때 10달러를 각각 받는다. 티켓 B는 앞면에 100달러, 뒷면에는 한 푼도 받지 못한다. 이때 나탈리는 티켓 B를 선택하고, 그러지 않는 것은 비합리적이라고 생각할 것이다. (티켓 A의 '기댓값', 즉 확률로 계산한 최종 가치는 25달러이고, 티켓 B는 50달러이다.) 다른 한편으로, 그녀가 티켓 B와 손에 든 40달러 사이에서 고민해야 한다면 어쩌면 배팅을 포기할지도 모른다. 그 또한 현명한 선택이라고 생각해서이다.

이 상황이 우리 삶의 중요한 의사결정 상황과 무슨 관련이 있을까? 나탈리의 관점에서 보면 법학은 티켓 A, 즉 천장은 낮고 바닥은 꽤 높은 내기와 같다. 앞으로의 일이야 좋을 수도 나쁠 수도 있겠지만, 적당한 수입과 괜찮은 삶의 질을 유지할 수 있는 일자리를 찾을 가능성이 높다. 반면에 음악은 티켓 B와 같아서 천장은 더 높고 바닥은 더 낮다. 그녀가 피아노를 좋아하긴 하지만 크게 실망하거나 직업적으로 실패하여 긴 시간을 좌절과 가슴앓이로 보낼 수도 있다.

어떡하죠, 마흔입니다

이 모두를 감안할 때 나탈리는 위험을 감수해야 한다고 생각할 수 있다. 도박을 하자면 법학보다는 음악이 낫다. 하지만 그녀의 선택은 달랐다. 그래서 법학대학원에 지원하여 티켓 A의 등가물을 선택하고, 나머지는 알려진 바와 같다.

돌아보면 그녀의 상황도 변했다. 이제는 변호사로서의 삶도 좋아졌다. 나탈리는 자신의 직업을 싫어하지 않으며 수입도 좋다. 남편 앨과 친구들도 생겼고 취미와 휴가도 즐긴다. 예상했던 결과의 범위를 놓고 볼 때 이 정도면 꽤 괜찮다. 10달러보다는 40달러에 가깝다. 한편으로, 여전히 나탈리는 티켓 B보다 A를 택한 것이, 즉 피아노를 포기한 결정이 잘못되었다고 생각한다. 하지만 후회에 대한 의문은 많이 달라졌다. 지금 그녀는 예측할 수 없는 도박 때문에 변호사의 성공적인 삶을 포기할 수 있을까? 아니라고 답하는 편이 나을 것이다. 생각해 보면 나탈리는 티켓 B(앞면에 100달러, 뒷면에는 0달러)와 손에 든 40달러를 비교하고 있다. 그 위험을 회피하기 위한 매우 합리적인 생각이다.

여기서의 메커니즘은 불행한 비행기 사고처럼 뜻밖의 결과를 이끌어 내는 방식과 크게 다르지 않다. 그렇다고 잘못된 믿음이나 계산 착오, 사실적 오류에 의존할 필요까지는 없다. 개연성과 혜택을 고려하면 나탈리는 아주 합리적인 판단을 했다. 그러나 여전히 우연이라는 요소는 남는다. 즉 앞으로 벌어질 결과에는 불확실성과 위험이 동반된다. 위험 회피가 합리적이라면, 그리고 더 나을 수도 있지만 불확실한 가능성보다는 확실하면서도 충분히 괜찮은 것을 선택하는 것이 합리적이라면, 당신이 행한 과거의 결정들 중에서도 하지 말았어야 했던 것을 우선하는 편이 합리적일 수도 있다.

이 인지 요법 절차를 활용하려면, 먼저 당신의 위험 회피 성향이 어느 정도인지 자문할 필요가 있다. 지극히 개인적인 내용이지만 충분히 경험 법칙으로 공식화할 수 있다. 첫째, 과거의 실수나 당시에 바라지 않았던 사건을 돌이키며 이렇게 자문하자. "나는 그 일이 일어나지 않았기를 바라는가?" 이때 100달러 당첨 같은 최선의 시나리오를 그려서는 안 된다. 결과는 불확실하며 두 번째 가능성이 더 낮거나 나쁠 수도 있음을 상기한다. 둘째, 손에 잡힌 새에 주목한다. 이후에 벌어진 상황에 대해서는 당신이 웬만큼 알고 있으며, 지금 요행과 비교하려는 것은 바로 이 구체적인 과거 사건이다. 당신의 실제 삶이 충분히 괜찮고 충분히 위험 회피적이라면, 지금까지의 상황에 만족하는 것이 매우 합리적이다. 더 나은 상황이 벌어질 수 있었더라도, 아니면 더 나빠졌으리라고 지금도 굳건히 믿고 있더라도 마찬가지다.

어떡하죠, 마흔입니다

우리의 고민스러운 변호사, 자신의 직업과 타협하며 결국에는 꽤 부러운 삶을 살아가는 우리 변호사의 문제는 이제 끝이 난 듯하다. 위험 회피 전략이 그녀에게 통한 것처럼 당신에게도 도움이 될 것이다. 하지만 도움도 어느 정도까지다. 그 이유는 첫째, 놓쳐 버린 대안이 큰 위험과 관련이 없거나 바닥이 너무 높을 때는 별로 소용이 없다. 과거를 회상하더라도 도박하는 편이 지금 가진 것보다 나아 보일 수도 있다. 둘째, 위험에 호소하는 것은 대단히 잘못된 생각이며 환희가 아니라 절망의 씨앗이 될 수 있다. 그렇다면 삶을 긍정하는 조금 더 바람직한 예도 만들 수 있지 않을까? 나는 그럴 수 있다고 생각한다.

회고의 순간에서 시작해 보자. 내가 아직껏 누리지 못한 삶, 시와 의학의 꿈에 대해 앞에서 했던 이야기를 기억하자. 내 나름대로 구하고 노력하고 추진했음에도 철학을 합리화하는 데 뒤따르던 상실감도 기억하자. 아울러 내가 그 사실을 인정할 수 없었다는 점까지도. 사실 나는 의사가 되어야 했음을 알고 있었다. 그것이 내게는 더 현명하고 더 의미 있으며 덜 이기적인 선택이었기 때문이다. 하지만 자신과 같은 의사가 되길 바라는 아버지를 실망시키고 싶은 짓궂은 충동까지 더해져 결국 나는 아버지가 절대 찬성할 리 없는 선택을 했다. 더 나은 결정이 있음에도 나는 철학을 선택하여 되돌릴 수 없는 항해에 올랐다. 나는 그동안의 삶을 싫어하지 않으며 오히려 그 반대다. 하지만 이 관점에서 보면 나의 선택은 실수였다고 생각하지 않을 수 없다. 그렇다면 아직도 내가 후회하고 있어야 할까?

우리가 발굴한 전술들을 접목해 출산부터 트집을 잡을 법도 하다. 의사가 되었더라면 지금의 아내를 만나지 못했을 것이고 아들도 존재할 수 없었을 테니까. 하지만 이야기를 통째로 바꿔 버릴 수도 있다. 즉 가상의 이야기로 접근하여, 지금 내게는 아이가 없고 원치도 않는다고 가정해 보자. (이 이야기는 허구다. 산 사람이든 죽은 사람이든 현실의 누군가와 닮은 인물의 이야기라면 순전히 우연의 일치임을 밝혀 둔다.) 더욱이 철학이 내가 기대한 것보다 가치 있다는 어떠한 묵시도 발견하지 못했다. 철학이 의사보다 못한 직업임을 여전히 믿고 있고 그 생각을 바꿀 마음도 없다. 그리고 지금까지의 삶이 순조롭게 흘러왔더라도, 대안이 지금의 삶보다 나쁘지 않은 상황에서 내가 그 의사를 두고 도박을 하는 것이 실수라고 생각할 만큼 충분히 위험 회피적이지도 않다. 결국 지금까지의 이야기는 내게 큰 의미가 없다. 설령 그렇다 하더라도 나는 내 과거를 후회하지 않는다.

이 설명은 3장 마지막에서 다루었던 내용을 상기시킨다. 그때 나는 충족하지 못한 열망의 아픔에 대한 무지(無知) 덕분에 안주할 수 있었다. 시와 의학을 제쳐 두고 철학을 결정하기 전에 나는 그 모두를 가질 수 없다는 사실을 잘 알고 있었다. 하지만 무엇을 놓칠 것인지에 대해서는 알지 못했다. 그 때문에 손해라는 사실이 발생하더라도 쉽게 견딜 수 있었다. 무언가를 결정해야 할 때, 그리고 앞으로 어떤 불이익이 뒤따르리라는 사실뿐 아니라 그 불이익이 무엇일지 알고 있을 때, 나는 무엇을 하지 말아야 하는지에 대해 강하게 직면하게 된다. 그때가 바로 아픔이 생겨나는 순간이다. 이 상황 변화에 대한 설명은 인식론적으로 가능하다. 즉 지식이 뒷받침되어야 한다. 내가 소중히 여기는 활동을 놓칠 것을 아는 것과 그것이 어떤 것인지를 아는 것 사이에는 감성적 장벽이 존재한다.

이 고민에 대해서는 건설적인 대응이 가능하다. 무지는 나쁜 결과에서 비롯되는 감성적 충격으로부터 우리를 보호해 주며, 지식은 좋은 결과의 영향을 한층 강화할 수 있다. 무언가가 가치 있음을 아는 것과 무엇이 그렇게 만드는지를 아는 것 사이에, 또 욕망의 근거가 존재하는 것을 아는 것과 그 근거가 무엇인지를 아는 것 사이에는 차이가 있다. 당신의 삶에서 어떤 결핍이 발생할 것인지를 막연하게 아는 것보다 그 것이 무엇인지를 제대로 알 때 훨씬 적극적으로 대응할 수 있듯이, 다른 삶이 더 나으리라는 모호한 사실보다 지금의 삶이 왜 좋은지를 명확히 구분할 때 역시 적극적으로 대처할 수 있다.

앞의 꾸며 낸 이야기 속의 나는 의학을 선택했어야 한다는 믿음을 확신한다. 그러나 그 길에 어떤 것들이 연루되어 있는지는 잘 알지 못한다. 의사가 되었다면 레지던트로서 장시간을 일하며 생명을 살리고 또 잃기도 했으리라는 것, 의학적 기술뿐 아니라 연민의 마음으로 환자들을 보살피려 애썼을 것이라는 정도의 대략적인 이야기 정도만 할 수 있다. 하지만 나의 이해 속에는 심각한 한계가 있다. 의사가 되었더라면 더 나은 삶을 살았으리라는 믿음은 있지만 그 본질에 대해서, 다시 말해 더 나은 삶을 만드는 그 일의 구조에 대해서 나는 무지하다.

철학에 대해서 나는 많이, 훨씬 더 많이 안다. 나는 데릭 파핏이나 데이비드 흄 같은 철학자들과 대화하다가 처음으로 자기만의 견해를 발견했던, 마치 서광의 한편을 본 것처럼 느꼈던 학생들을 알고 있다. 내 덕분은 아니지만 어떻든 나도 그 자리에 있었다. 또한 나는 철학의 역사가 지닌 가치

158   어떡하죠, 마흔입니다

에 대해서도 잘 안다. 모호한 사례가 아니라 존 스튜어트 밀의 이야기처럼 지적이고 인간적인 드라마 같은 수많은 사례들이 철학의 가치를 반영하며, 각 사례들은 철학 지식을 보존해야 함을 일깨우는 근거와도 같다. "철학을 행하는 것은 자신의 기질을 탐구하는 동시에 진리를 발견하려는 시도이다"라는 글을 통해 아이리스 머독(Iris Murdoch, 영국을 대표하는 철학자이자 작가 - 옮긴이)이 무엇을 말하려 했는지도 나는 깨닫는다. 이모든 의미를 하나의 절과 하나의 에세이, 한 권의 책으로 충실히 전달하기는 어렵다. 어쩌면 내가 되었을지도 모를 시인을 통해서도.

당신에게 해 줄 말도 이와 같다. 무엇이 선이고, 언제가 중요한 순간이고, 친밀한 인간관계는 어떠하고, 그물처럼 얽히고설킨 매일과 매주, 매년을 설명하려 아무리 많은 말을 쏟아 내어도 부족할 만큼 삶은 냉엄하다. (그 반대도 마찬가지다. 좋지 못한 것들도 복잡하게 얽혀 있고 말로서 이를 설명하려면 끝이 없다.)

이것이 내가 의사가 되어야 했다는 사실에 반대하는 이유다. 내 삶이 그리 나쁘지 않다는 애매한 주장이 아니라 그 삶을 긍정하는 근거들, 내가 절대 분류할 수도 포함시킬 수도 없는 근거들이 수도 없이 많다. 내가 의사가 되었더라면 그만큼 부자가 되었을 것이고, 어쩌면 그 부(富)가 나의 지금 삶보다 더 중요할 수도 있음을 안다. 하지만 그 실체가 무엇인지는 알 수 없다. 지금 나를 속박하는 것, 나의 욕망을 붙잡는 것, 나의 선호도를 형성하는 것들은 더 좋고 나쁘고를 떠나 모두가 지금까지의 만족스러운 내 삶에 특징적이고 구체적인 방식으로 영향을 끼친 것들이다.

우리는 추상이 아닌 구체적인 삶을 살아간다. 다른 무언가가 더 낫다는 불특정하고 모호한 사실보다 구체적으로 좋은 무언가에 집중하는 것이 합리적이라면, 내가 지금도 더 못하다고 여기는 의사보다 철학자의 길을 선택한 사실을 기쁘게 받아들이는 것이 당연히 합리적이다. 후회로부터 나를 구원하는 것은 위험의 기피나 아이의 탄생, 철학에 대한 과소평가 같은 것들이 아니다. 나를 구원하는 것은 피터르 브뤼헐이 섬세하게 그려 낸 농민의 그림에서처럼 삶의 풍요와 측량하기 어려운 특수성이다.

주제넘게 비칠 수도 있지만 나는 이런 관점을 버지니아 울프에게도 적용해 보려 한다. 울프가 아이 대신에 가졌던 것은 단순히 『올랜도』라는 책이 아니라 그 속의 단어와 문장, 이미지, 맥락 그 이상이며 "의식의 시작부터 마지막까지 우리를 둘러싼 반투명의 후광"과 같은 삶에 대한 수사들이다. 그리고 이 관점을 당신에게도 선사하고 싶다.

어떡하죠, 마흔입니다

실수, 불운, 실패 중 다른 것들과 조금의 관련도 없이 어느 하나만으로 중년을 형성할 수는 없다. 일부는 위험 회피나 아이들, 행운 등으로 메워지기도 하고 그렇지 않을 수도 있다. 더러는 고민에 고민을 거듭하며 과거와 씨름하려는 유혹에 빠지기도 한다. 그러나 또 다른 실수를 경계해야 한다. 무엇을 원했는지에 대한 답을 구하려다 삶의 구체적인 부분들을 놓쳐 버리는, 퇴보의 실수를 범해서는 안 된다. 이처럼 구체적인 것들을 추상화하면 합리적인 긍정화의 중요한 원인들마저 없애 버린다. 즉 행위와 인위적인 것, 인간관계의 존재 그 자체가 아니라 이런 것들이 지닌 가늠하기 어려운 깊이만이 남는다. 이론적인 대안들에 무게를 둘 게 아니라 구체적으로 따져 봐야 한다. 다시 말해 살아 보지 못한 삶을 막연히 상상하기보다는 구체적인 부분들에 집중해야 한다. 그렇게 할 때 비로소 과거에 하지 않았던 일들에 미련을 두지 않는 자신을 발견할 수 있다.

나는 이 말들이 진실이기를 바라지만 반드시 그러리라고 약속할 수는 없다. 모든 상처를 치유할 수는 없다. "무섭고 소름 끼치는 후회"에 직면했을 때 어쩌면 당신에게 전혀 위로가 되지 않을지도 모른다. 만일 그렇다면 내가 퍽 미안하다. 당신의 실수가 당신만을 괴롭힌다면 일종의 보상처럼 구체적인 것들을 받아들이기도 쉽겠지만, 다른 사람들까지 괴롭힌다면 상황은 더 복잡해진다. "물론 당신의 삶을 실험할 수는 있겠죠." 쿠레이시의 『인티머시』에 나오는 구절이다. "하지만 다른 사람들의 삶과 함께는 아닐 겁니다." 구체성에 집중하는 전술은 그 효과에도 불구하고 실패할 가능성은 늘 있다.

이제 또 하나의 위험을 언급하는 것으로 마무리하겠다. 후회로부터 당신을 방어하고 그 영향력을 잠재울 하나의 방편이 지식의 부조화라면, 즉 살 수도 있었던 삶에 대한 상대적 무지라면, 당신의 평안은 그 지속성에 달려 있다. 후회를 회피하기 위해서는 망각 수단을 유지해야 한다. 상응하는 위협은 항상 존재한다. 무엇을 상실했는지, 어떤 대안이 있었는지, 그것들이 어떻게 연관되었는지를 알면 알수록 떠나보내기는 더 어려워진다. 그러므로 회고에 작별을 고해야 한다. 안목을 키우려면 무엇을 배우고 어떤 것을 선택할지 신중해져야 한다. 조금의 지식은 해롭지 않겠지만 너무 많으면 마음의 평화에 큰 짐을 지울 수 있다. '그랬을지도 모를 일'에 집착해서는 안 된다. "모르는 것이 약이요, 알려는 것이 병이다."

어떡하죠, 마흔입니다

5

죽음의 공포

시몬 드 보부아르의 자서전 제3권은 고개를 갸우뚱할
만한 구절로 끝을 맺는다.

지금도 나는 바람에 흔들거리는 개암나무 울타리를 바라보며,
그 옛날 발밑의 금광을 응시하고 서서 내 심장을 고동치게 했
던 그때의 약속들과 마주한다. 살아가야 했던 그 모든 삶을. 그
약속들은 모두 지켜졌다. 그럼에도 그 어리고 순진한 소녀를
의심스러운 눈빛으로 바라보며, 나는 그동안 얼마나 많이 속고
살아왔는지 어렴풋이 깨닫는다.

이것이 자선전의 마지막 구절이다.

상징적인 페미니즘 사상가이자 장폴 사르트르의 배우자이기도 했던 보부아르는 아마도 불평의 근거들을 수없이 찾아냈을 것이다. 그 약속들은 '여성스러움'이라는 억압적 규범 때문에 변형되었을까? 저서『제2의 성』에 이런 문장이 있다. "여성은 여성으로 태어나는 것이 아니라, 여성이 되는 것이다." 성별은 문화적 구조물이며, 여성의 입장에서 건설되지 않았다. 보부아르는 사르트르라는 위협적이면서도 고무적인 존재에 대한 자신의 철학적 재능을 의심하며, 자신의 가능성에 대해 지나치게 협소한 시야를 가졌던 게 아닐까?

그럴지도 모른다. 하지만 적어도 보부아르의 말을 보면 그녀가 무언가 다른 생각을 담고 있었던 듯하다. 명확한 결론을 요구하는『파리 리뷰(Paris Review)』에 보부아르는 이렇게 답했다.

> 사람들은… (이 마지막 구절을 보며) 내 삶이 실패를 의미하는 것으로 해석하려 했습니다. 정치적 수준에서 실수한 사실을 내가 인정했다거나 아니면 여성이라면 결국 아이를 가져야 한다고 인정한 사실 등을 이유로 들면서 말이죠. 내 책을 꼼꼼히 읽은 사람이라면 누구나 알 것입니다. 내 말은 그와 정반대이고, 나는 누구도 시샘하지 않으며, 내 삶에 전적으로 만족하고, 내가

한 약속들을 모두 지켜 왔고, 그래서 내 삶을 다시 살게 되더라도 결코 다르게 살지 않으리란 사실을 말입니다.

실수도, 실패도, 상실도 아니었다. 보부아르는 그 책의 마지막 두 장을 생략할 수도 있었다. 그러나 55세라는 중년의 한복판에 들어선 그녀는 냉혹한 시간의 흐름에 사로잡혔다고 느꼈다.

나처럼 세상에 대해 실존적 관점을 가진 사람은, 무언가가 '되고자' 노력하더라도 결국은 그저 존재할 수밖에 없다는 인생의 역설을 깨닫게 된다. 이것은 삶의 부조화, 즉 성공할 수 없음을 잘 알면서도 계획을 세우려는 것처럼, 무언가를 위해 많은 것을 쏟아붓지만 나중에 지난 삶을 돌이켜 보면 그저 존재할 뿐이었다는 사실을 깨달을 때의 모순 때문이다. 다시 말하면, 삶이란 신의 삶처럼 당신의 뒤에 분명한 형체로 존재하는 것이 아니다. 당신의 삶은 그저 한 인간으로서의 삶일 뿐이다.

신의 행위는 초시간적이다. 하지만 우리에게 살아 있는 현재는 생명 없는 과거로 사라지고 결국에는 우리 자신마저도 그렇게 앗아간다. 보부아르는 비(非)존재(non-being)에 대한 실망과 필연적 죽음에 대한 예감을 연결한다. "그동안 내가 읽은 모든 책, 내가 바라본 모든 장소, 내가 쌓은 모든 지식을 슬프게 생각한다. 더 이상은 없을 것이다. 모든 음악도, 모든 그림도, 모든 문화도, 그 많은 장소도, 불현듯 무(無)로 되어 버릴 것이다."

우리는 이 상황을 너무 오랫동안 미루어 왔다. 이제 우리만의 피할 수 없는 죽음에 직면할 때다. 처음에 소개한 엘리엇 자크의 에세이에서는 이 상황을 일컬어 "중년 단계의 핵심적이고 중대한 특징, 즉 그 시기의 결정적 속성을 촉발시키는 특징"으로 표현했다. "삶의 전성기, 성취의 단계로 접어드는 시기인 동시에 그 전성기와 성취의 시기를 손으로 꼽을 수 있다는 것도 역설이다. 죽음은 그 너머에 있다." 중년이라는 인생의 한정된 구간은 더 이상 추상이 아니다. 10년 세월의 의미를 모를 사람은 없다. 그 시기가 당신에게 무엇을 남길지는 어렵지 않게 헤아릴 수 있으며, 그것이 고뇌의 원인이 되기도 한다.

피할 수 없는 죽음에 대해 철학이 우리를 위로할 수 있다는 발상은 해묵은 관념에 불과하다. "철학을 하는 것은 죽는 방법을 배우는 것이다." 사상가이며 비평가인 미셸 드 몽테뉴(Michel de Montaigne)가 1580년에 쓴 글이다. 당시에 그는 기원전 1세기의 로마 철학자 키케로를 거쳐 아테네 감옥에서 독배를 마신 소크라테스까지 거슬러 올라가는 철학적 전통을 따르고 있었다. 몽테뉴가 철학적 전환점을 이룬 계기는 절친한 벗이던 에티엔느 드 라 보에티의 죽음과 자신이 낙마하여 거의 죽을 뻔했던 두 사건에 기인한다. 그때 보에티는 서른세 살, 몽테뉴는 서른여섯 살이었다. 몽테뉴는 식인 풍습에서 현학적 풍토, 인간의 엄지손가락에 이르기까지 광범위한 주제와 관련하여 50만 단어를 사용한 자기 탐색의 역작 『수상록』을 계속 집필 중이었다. 하지만 그의 '철학하기'는 실패로 끝나고 만다. "죽는 방법을 모르더라도 걱정하지 말라." 그는 끝에서 두 번째 에세이에서 가슴 아프게 역설한다. "그 방법을 자연이 곧바로 알려 줄 것이다." 즉 죽음에 대한 생각이 일깨우는 살 떨리고 두려운 공포를 오로지 죽음만이 잠재울 수 있다는 뜻을 함축하고 있다.

내가 더 나은 결론을 도출하려 애쓰겠지만 그 과정이 쉬울 것이라고 예단할 수는 없다. 이 장에서는 죽음과 싸우기 위한 철학적 시도에 대해 탐구한다. 그 속에는 피와 땀, 눈물이 있을 것이고, 통찰과 환상도 있을 것이다. 과정이 수월하지는 않을 것이다. 인지 치료사의 관점에서 죽음은 살인자로 판명되었다.

아무것도 남는 게 없다?

몽테뉴가 이 책의 원조 격이고 지적인 자기계발 안내자라면 에피쿠로스(Epicurus)는 더더욱 그러한 인물이다. 아리스토텔레스보다 나이는 어렸지만 같은 시대의 인물인 에피쿠로스는 철학자인 동시에 라이프스타일 전문가로서, 이른바 '정원(the Garden)'이라 불리던 고대 아테네의 목가적이고 한적한 공동체를 관장했다. 오늘날 '에피쿠리언(Epicurean)'이란 말은 떠들썩한 파티와 맛있는 음식 같은 감각적 쾌락의 삶을 의미한다. 하지만 그 시대에 당신이 쾌락을 좇아 정원에 갔다면 아마 실망하여 돌아섰을 것이다. 에피쿠로스가 추구한 가치는 '아타락시아(ataraxia)' 또는 '고통 없는 평온과 자유'로, 친구들과의 조용한 모임에서 절제된 명상을 통해 얻었다.

그에게 행복의 가장 큰 위협은 터무니없이 부풀려진 죽음의 위협으로, 이것이 마음의 평화를 뒤흔들고 일상을 괴롭힌다고 생각했다. 죽어 가는 과정에서 품위가 훼손되고 고통이 따르는 것은 의심의 여지가 없다. 그래서 조용한 마무리를 바라는 것도 충분히 이해된다. 하지만 죽어 가는 것과 죽음은 같지 않다. 에피쿠로스에게 죽음은 존재의 영원한 끝을 의미했다. 즉 영혼이 육체를 떠나 더 이상의 생존이 불가능하고, 내세도 없으며, 두 번의 기회도 없다. (나도 이 부분에 동의한

어떡하죠, 마흔입니다

다. 만약 환생을 한다거나 천국이나 지옥에서 영원히 산다는 등 죽은 이후에 벌어질 상황 중에 어느 것이 될지 불확실한 경우라면 죽음을 대하는 마음가짐도 크게 달라질 것이다.) 에피쿠로스가 일반적이고 비합리적이라고 생각한 것은 죽음의 공포였다. 역설적이게도 피할 수 없는 죽음의 공포를 불식시키고 위안을 주는 것은 '부재(존재하지 않음)'라는 사실이다. "그러므로 가장 두려운 불행인 죽음은 우리에게 아무것도 아니다." 그의 글의 한 대목이다. "우리가 존재하는 한 죽음은 우리와 함께하지 않으며, 죽음이 찾아왔을 때는 우리가 존재하지 않기 때문이다. 따라서 죽음은 산 자든 죽은 자든 아무 관계도 없다. 산 자는 죽지 않았으며, 죽은 자에게는 더 이상 의미가 없기 때문이다."

당신은 어떤지 모르겠지만 나는 이 논리를 달갑지 않은 위로 정도로 받아들인다. 이 주장이 어빈 얄롬(Irvin Yalom)의 저명한 실존주의 심리요법서인 『보다 냉정하게 보다 용기 있게』에서 비판 없이 반복되는 것을 보고 나는 충격을 받았다. 당신이 이 주장에 전적으로 동의한다면 이 책을 여기서 그만 읽어도 된다. (철학적 스포일러 주의.) 그렇지만 아직 나의 생각을 신뢰하는 사람들에게는, 유감스럽게도 이 주장은 그리 확고하지 못하다고 말하고 싶다. 죽으면 존재하지 않으리라는 전제부터, 죽음이 고통의 긍정적 손해를 동반할 수 없다는 내용까지 말이다. 여전히 죽음은 박탈로 인한 손해, 즉 살면서 좋았던 것들과의 영원한 단절을 의미할 수도 있다. 더 이상의 예술도, 더 이상의 지식도, 더 이상 친구들과의 시간도, 아무것도 남지 않는다. 그러니 죽음을 두렵게 여기는 것이 당연하지 않은가? 어둡고 무미건조한 미래를 재미는 없지만 고통에서 자유로운 것처럼 여기듯이 말이다. 냉엄한 현실이다.

존재의 멈춤이 우리에게서 이로움을 앗아간다는 이유 때문에 나쁘다는 발상은 기존의 정설과 배치되는 부분이 있으며, 현대 철학자들이 에피쿠로스 학파를 대하는 매우 일반적인 반응이기도 하다. 죽음이라는 불운은 삶을 살아갈 만한 가치가 있도록 만드는 무언가가 사라지고, 부족하고, 비었다는 의미에서 불운이다. 우리가 존 스튜어트 밀의 신경쇠약을 진단할 때의 관점에서 보면 죽음은 실존적 가치, 즉 문제를 해결하고 욕구를 충족시키는 개량적인 의미뿐 아니라 삶을 긍정적으로 더 좋게 만드는 가치까지의 상실을 의미한다. 우리의 행위에 오로지 개량적 가치만 존재한다면 에피쿠로스의 주장도 일리가 있을 것이다. 우리가 살아가면서 소망하는 최선도 죽음이 가져다주는 고통에서 자유로워지는 것일 터이다. 하지만 삶에는 그 이상의 의미가 있을 수 있다는 것이 우리에게는 축복이자 동시에 저주이다. 2장의 두 번째 법칙

어떡하죠, 마흔입니다

에 따라 우리는 실존적 가치가 있는 행위를 추구한다. 즉 일이 순조로울 때는 살아가는 것도 좋다고 할 수 있다.

　에피쿠로스의 옹호자들—실제로 존재한다—은 우리가 그의 논점을 놓치고 있다고 항변하곤 한다. 가치 있는 행위로 지속되는 삶보다 죽음이 못하다는 것을 부인하는 것이 아니라, 이런 현실에서 우리가 어떤 태도를 가져야 하는지를 묻고 있다는 것이다. 예를 들면 이런 주장도 가능하다. 죽음의 공포가 불합리한 이유는 긍정적인 손해를 위협하는 무언가가 있거나 또는 어떤 식이든 불확실한 상황일 때만 공포를 느낀다는 것이 성립할 수 있기 때문이다. 따라서 죽음은 이미 특정된 박탈 상황이므로 공포를 느끼는 것 자체가 불합리하다는 것이다. 이것은 철학자들에게 오명을 씌우는 현학의 일종이다. '공포'든 '불안'이든 '슬픔'이든 부르는 명칭 자체는 중요치 않다. 중요한 것은 우리를 포함한 많은 사람들이 죽음과 마주할 때 느끼는 깊은 반감이다. 전문성으로 치자면 에피쿠로스가 이길 도리는 없다. 하지만 아직 이야기가 끝난 것은 아니다. 4장에서 우리는 무엇이 더 낫고 더 못하냐에 따라 합리적 우선권이 엇갈리는 것을 보았다. 죽음에도 이와 비슷한 이치가 적용된다. 죽음이 아무리 나쁘다 하더라도 그 피할 수 없는 죽음에 동요해서는 안 된다. 그러므로 고대 로마의 동시대 사람이자 에피쿠로스의 가장 영향력 있는 개종자인 티투스 루크레티우스 카루스(Titus Lucretius Carus)를 포함한 모든 에피쿠로스 추종자들에게 분명히 말해야 한다. 우리는 에피쿠로스에게서 그랬듯이, 루크레티우스에게서도 죽음의 묘한 매력을 물려받았다. 죽음은 결코 두려워할 게 아니라는 사실 말이다. 이것을 치료에도 적용할 수 있을까?

출생 전의 부재와 죽음 이후의 부재

루크레티우스에 대해 우리가 아는 것은 거의 없다. 수세기 후, 성 예로니모 사제는 루크레티우스가 강력한 최음제를 먹은 채로 철학 서사시 『사물의 본성에 관하여』를 쓰다가 정신이 이상해졌다고 주장했다. 실제로 그는 44세에 자살했다. 당시의 학자들이 그리스도교 성자에 의해 사랑에 눈먼 미치광이처럼 이교도 철학자를 묘사한 것에 의심을 드러낸 것도 놀랄 일은 아니다. 거의 1,000년 동안이나 자취를 감췄다가 1417년에 독일의 한 수도원에서 발견된 이 작품은 그 무렵 이탈리아 르네상스의 교범 역할을 했다.

시의 제목에서 짐작할 수 있듯이 루크레티우스는 많은 분야를, 본질적으로는 모든 분야를 포괄한다. 그중에서도 우리에게 중요한 부분은 매우 인상적이어서 쉽사리 잊히지 않는 은유이다. 루크레티우스는 에피쿠로스와 공명하며 죽음과 우리의 관계를 새롭게 정립하는 데 초점을 둔다.

> 지금 돌이켜 보며, 우리에게 아무런 의미도 없었던, 우리의 탄생 이전에 흘러간 영원의 시간들을 생각해 보자. 그리고 여기에는 자연이 우리의 죽음 뒤에 다가올 시간을 보여 주는 거울이 있다. 그 거울에서 두려운 무언가가 보이는가? 무시무시한 무언가를 느끼는가? 가장 깊은 잠보다도 더욱 평화로워 보이지 않는가?

루크레티우스는 에피쿠로스 학파의 전형적인 관점에 불과한 이 죽음의 이미지, 즉 받을 수 있는 우리의 존재 자체가 없는 상황에서 혜택의 박탈로 인해 손해를 보지는 않는다는 관점으로 회귀하지는 않는다. 그러나 소설가 블라디미르 나보코프(Vladimir Nabokov)가 자서전 『말하라, 기억이여』의 도입부에서 인생을 "어둠의 두 영원 사이에 존재하는 짧은 빛의 균열"로 묘사한 것처럼, 죽음은 굳이 철학적으로 접근하지 않더라도 나름의 세계를 갖추어 왔다. 이것이 철학에서 이른바 '대칭성 논쟁(symmetry argument)'이라고 불리는 난제의 근원이며, 더러는 이렇게 질문으로 표현하기도 한다. "'어쩔 수 없는 불안'의 근원인 죽음 이후의 부재와 '공(空, 존재가 없음)의 무관심'의 근원인 태어나기 전의 부재에 대해 어떻게 다르게 대응해야 합리적인가?" 문제는 동일한 현상에 대한 대조적인 태도를 설명하고 증명하는 것이다.

그 차이를 모두가 명확하게 구분할 수 있는 것은 아니다. 내 아들 엘리가 어렸을 때 가족 모두가 외갓집에 갔다가 아내의 아기 때 사진을 엘리에게 보여 준 적이 있었다. 이후의 대화를 소개하면 이랬다.

엘리 : 엄마 애기 때 사진이야?

　　　그때 난 애기였어?

나　 : 아니, 넌 아직 태어나지 않았을 때야.

엘리 : 그럼 난 어른이었어? 아니면 엄마?

나　 : 아니, 넌 아무도 아니었어.

엘리 : 슬퍼, 아무도 아니라니.

엘리는 당시 존재하지 않았다는 말을 듣고 무관심이 아니라 슬픔을 떠올렸다. 보일 듯 말 듯한 공허에 대한 나의 깊은 반감을 그동안 아들에게 전하지 않았다면, 피할 수 없는 죽음에 대한 아들의 생각이 더 어두워졌을지도 모른다. 반대

어떡하죠, 마흔입니다

로 그랬더라면, 아들도 나보코프의 '시간공포증'을 닮아 갔을 수 있다. 나보코프는 태어나기 전의 세상, 즉 자신이 없는 세상을 담은 홈비디오를 보며 공황 상태에 빠진 적이 있다고 한다.

대칭성 논쟁의 관점에서는 출생 이전의 부재에 대해 매우 전통적인 입장에서 접근하며, 죽음 이후의 부재에 대해서도 그와 비슷한 평정심을 가지려 한다. 이 관점에서 보면 죽음 이후의 시간과 임신 또는 출생 이전의 시간 사이에 별다른 차이가 없다. 한 예로 내가 예정된 시간보다 10년 뒤에 죽는다면 그만큼 더 오래 살면서 잘하면 더 많은 혜택을 누릴 것이다. 반면에 내가 원래보다 10년 빠른 1966년에 태어났더라도 내 수명이 더 길어지리라는 근거는 어디에도 없다. (보험 통계에서는 그 반대다.) 더 늦게 죽기를 바라면서도 더 일찍 태어났기를 바라지 않는 현실적인 이유는 살아 있는 시간을 더 늘리기 위함이다. 예컨대 내가 1966년에 태어났더라면 아내는 지금과는 완전히 다른 사람일 것이다. 그 이후의 삶이 어떻게 전개되었을지도 물론 짐작하기 어렵다. 4장 막바지에서 다룬 위험 회피 및 구체성을 향한 집중이라는 측면에서 보면, 새로운 삶을 또 다른 행복의 10년으로 기대할 수도 있겠지만 그 반대의 상황도 얼마든지 생각할 수 있다.

이 내용은 이해할 수는 있지만 피상적인 것도 사실이다. 앞으로 펼쳐진 도로와 후사경으로 바라보이는 도로의 유한성, 그 사이의 감성적 차이의 깊이까지는 다가가지 못한다. 삶을 미래로 무한히 연장하기를, 그래서 끝이 없는 삶을 바라는 사람들이 있다. 하지만 과거로의 무한한 연장, 시작이 없는 삶에 대한 욕망은 작게 보면 괴짜 같고 재밌는 엉뚱함 정도지만 심하면 병적으로 변할 수도 있다. 나보코프의 '시간 공포증'처럼 말이다. (태어난 게 아니라 늘 존재해 왔기를 소망하며 과거의 역사 속 일화들도 기억하더니 그로부터 50년 만에 죽음을 맞이한 사람을 생각해 보자.) 이 차이는 무한한 미래와 무한한 과거 사이의 지속성이 지닌 불균형으로는 설명할 수 없다. 또한 현재 삶에서 어떤 점이 좋은지를 알지만 대안이 더 낫다는 사실도 알고 있을 때의 이성적 충돌에 의해서도 설명이 안 된다.

대칭성을 옹호하는 사람들에게는 이것이 무엇으로도 설명이나 증명이 되지 않는다. 출생 이전의 부재는 무한한 삶보다 훨씬 못한 무서운 박탈일 수 있지만, 이것에 대해 필요 이상으로 공포를 느끼는 것은 합리적이지 못하다. 특별한 이견이 없는 한 이것도 죽음을 대하는 태도의 일종임에 틀림없다. 죽음 이후의 부재 역시 무한한 삶보다 훨씬 못한 무서운 박탈이며, 역시나 가벼운 공포의 대상이다. 이론적으로는 반

어떡하죠, 마흔입니다

대 방향을 통해, 즉 출생 이전의 부재에 대한 반감을 부풀리거나 또는 죽음에 대한 만성적 공포심에 시간공포증을 덧붙이는 등의 방법으로 둘 사이의 균형을 맞출 수도 있다. 하지만 실제로는 그리 두려워할 만한 게 없다. 최악의 경우라 하더라도 엘리가 보여 준 정도에 지나지 않을 것이다. 미래의 예상 가능한 소멸에 대해서도 그렇듯이 자신이 세상에 나오기 이전의 시간, 즉 과거의 유한성에 대한 체념적 우울함 정도에 불과하다.

우리는 앞에서 인용한 것처럼, 죽음의 공포에 사로잡힌 사람들을 위한 어빈 얄롬의 존중할 만한 첫 번째 치료법을 찾아냈었다. 그 효능이 실수로 생기는 것은 아니지만 그리 확실치 못한 것도 사실이다. 그 바탕에는 출생 이전과 죽음 이후의 부재 사이에 별다른 차이가 없다는 확신이, 한쪽이 다른 한쪽의 단순한 반사체에 불과하다는 이성적 대칭성을 훼손할 수 없다는 확신이 깔려 있다. 이 가정이 과연 얼마나 정확할까?

4장에서 소개한, 후회의 한계에 대해 사색하던 데릭 파핏의 세계로 다시 들어가 보자. 8년 후, 파핏은 출생 이전과 죽음 이후의 시간 사이에 존재하는 본질적 유사성을 떠나 하나는 과거이고 하나는 아직 도달하지 않은 미래라는 부인할 수 없는 차이를 주의 깊게 바라보았다. 출생 이전과 죽음 이후의 부재를 향한 우리의 시간적 방향성이 반대라고 해서, 둘 중 어느 하나에 대해 더 반감을 느낀다는 말이 과연 합리적일까? 파핏의 시각은 꽤 설득력이 있다. 즉 우리의 욕망은 시간의 방향에 반응하므로 과거와 미래에 대응하는 방식이 다를 수 있다는 것이다. 어쩌면 전혀 그게 아닐 수도 있다.

파핏은 또 하나의 유명한 사고실험인 "나의 과거 또는 미래의 수술 이야기(the story of My Past or Future Operations)"를 통해 자신의 입장을 견지한다. 요약해서 소개하면 이렇다.

당신이 병원에서 눈을 뜬다. 생사가 걸린 수술이 필요한 상황이었던 것은 기억하지만 수술이 이미 끝났는지는 알 수가 없다. 간호사도 기억 못하기는 마찬가지다. 마취도 없이 네 시간이나 이어진 고통스러운 수술을 어제 받았을 수도 있고, 아니면 역시 마취 없이 한 시간 만에 비교적 수월하게 끝날 수술을 오늘 오후에 앞두고 있을 수도 있다. 차트를 들여다보던 간호사가 당신에게 그 결과를 말하려 하고 있다.

파핏이 묻는다. "당신이 그 환자라면 어떤 말을 듣고 싶습니까?" 그의 짐작과 나의 생각은 같다. 아마도 당신은 고통으로 보낸 시간이 더 많을지언정 수술이 어제 끝났기를 바랄 것이다. 파핏의 주장대로, 우리는 '미래에 치우치는 경향'이 있다. 다시 말해 과거에 이미 겪은 고통보다는 앞으로 다가올 고통을 더 염려한다. 정반대의 상황인 쾌락에 대해서도 동일하다. 파티 참석 같은 즐거운 경험을 바라는 상황에서 그 파티가 어제 끝났는지 아니면 내일로 계획되어 있는지 불확실하다면, 사람들 대부분은 후자를 바란다. 미래의 쾌락은 과거의 쾌락보다 크게 느껴진다. (대체로 경계가 모호한 회상 속의 쾌락으로부터 추상하자면, 파티가 열린 때까지 일일이 기억하며 그때를 회상하지는 못할 것이다. 파티는 그런 것이다.)

당신이 미래에 편향된 사람이라면 출생 이전과 죽음 이후의 부재의 '대칭성'에 대해 별 감흥이 없을 것이다. 그래서 앞의 내용이 제시하는 위로조차도 거부할지 모른다. 미래의 유한성이 당신이 진심으로 바라는 미래의 쾌락을 앗아가는 데 비해, 과거의 유한성은 과거의 쾌락을 앗아갈 뿐이다. 이것은 상대적인 차이의 문제다. 그러므로 이미 지나간 영원의 시절과는 달리 앞으로 다가올 죽음이 두려움을 낳는 것은 당연하다.

보부아르의 혼란 속에서도 미래 편향을 엿볼 수 있다. 스스로 약속한 쾌락이 무엇이고 그 약속이 언제 지켜지든, 더 이상의 쾌락은 없다. 뒤돌아보면 아무것도 아닌 것처럼 느껴지거나, 발밑의 금광을 바라보듯 적어도 처음의 예상보다는 못한 것처럼 보인다. 우리는 그렇게 현혹되면서 살아간다.

그러나 파핏이 주장했듯이, 당신이 미래 편향적이라는 사실이 당신의 태도까지 합리적인지를 명확하게 판단해 주지는 않는다. 당신의 감정을 설명할 수는 있다 해도 정당화 여부까지 기대하기는 어렵다. 파핏은 ─비록 증거를 내세웠다고 할 수는 없어도─ 사람들이 미래 편향에서 벗어나야 한다고 주장한다. 과거와 미래의 경험들에 동일한 가중치를 부여한다는 의미인 '시간적 중립성' 측면에서 그가 주장한 것 중에는, 이것이 죽음의 공포를 완화한다는 내용도 있다.

미래 편향의 합리성 여부는 철학에서 해결할 수 없는 문제라고 나는 생각한다. 한편으로 보면, "나의 과거 또는 미래의 수술 이야기"에 대한 일반적인 반응이 비합리적이라고 하기는 어렵다. 다른 한편으로, 순식간에 특이한 결론으로 이어질 수도 있다. 이런 상황을 가정해 보자. 수술 일주일 전에 선택을 요구받는다. 월요일 아침으로 예정된 네 시간 동안의 고통스러운 수술과 화요일 오후로 예정된 한 시간의 수술 중에 하나를 선택하라고 한다. 선택은 당신에게 달렸다. 당신이 별난 사람이 아니라면 아마도 후자를 택할 것이다. 그렇지만 미래 편향적인 사람이라면, 화요일 아침에 잠을 깰 때 그 선택을 후회하리라고 확신할지도 모른다. 그 시점에서 당신은 파핏의 시나리오에 빠진다. 즉 오늘(화요일)의 한 시간보다 월요일의 네 시간을 바라게 된다. 만약 미래 편향이 합리적이라면, 미래에 후회할 것이 분명하다고 판단하는 것 또한 합리적이다. 이런 생각이 옳다고 할 수 있을까?

삶의 중간쯤에 놓여 있는 당신에게, 뒤로 40여 년과 순조롭다면 앞으로도 비슷한 시간을 남겨 둔 당신에게 이 질문을 던진다. 당신은 죽음이 출생 전 부재의 거울이라고 말하는 시간적 중립성 입장을 받아들일 수 있는가? 삶이 경과함에 따라 "앞으로 내다볼 것은 점점 줄어들고 뒤로 돌아볼 것은 점점 늘어난다". 어떻든 좋다. 시간공포증에 빠지지 않고서도 삶을 관리할 수 있다면, 당신은 철학적 도움 없이도 '피할 수 없는 죽음'을 받아들일 만큼 성장한 것이다.

하지만 나는 고백하지 않을 수 없다. 앞의 몇몇 페이지에서 나타난 가정적 상황에서 짐작할 수 있듯이 나는 이 내용에 동의하지 않는다. 시간적 중립성을 거부하는 것은 아니며 그 장점도 잘 알고 있다. 그리고 미래 편향이 합리적이라고 나 역시 생각한다. 기질적으로도 나는 파핏보다는 보부아르에, 과거라는 영속적 현실을 인정하기보다는 시간의 가차 없는 흐름에 분노하는 사람에 더 가깝다. 거울을 들여다보면 눈이 미래로 치우친 한 남자가 보인다. 죽음에 대한 그의 깊은 공포는 여전하다. 그에게 해 줄 말이 과연 아무것도 없을까?

"나는 죽고 싶지 않다"

미래 편향은 잠시 잊고, 스페인 철학자 미겔 데 우나무노(Miguel de Unamuno)가 뜨거운 열정으로 묘사한 '죽지 않으려는 욕망'에 대해 생각해 보자. "나는 죽고 싶지 않다. 결코! 나는 죽고 싶지 않으며, 죽고 싶다고 바라지도 않는다. 나는 언제나 살아 있기를 바란다. 영원히, 진심으로." 이 말에서도 묘사하듯이 죽지 않으려는 욕망은 불멸을 향한 욕망으로 귀결된다. 그리고 이것은 치료의 측면으로도 연결된다. 불멸이 바람직하지 않다고 스스로 납득시킬 수 있다면 그것은 죽음과의 화해로 이어질 수도 있기 때문이다.

철학자들은 불멸이 속임수에 불과하다는 점을 설파하느라 그동안 많은 양의 잉크를 뿌려 왔다. 영국의 철학자 버나드 윌리엄스(Bernard Williams)는 불멸을 위협하는 것은 지루함이라고 했다. 쓰라리고 고통스럽고 무기력한 것, 요컨대 영구적인 행복과는 전혀 다른 종류의 것을 말한다. 미국의 마사 누스바움(Martha Nussbaum)과 새뮤얼 셰플러(Samuel Scheffler)가 생각하는 문제는 간극이다. 영생(永生)이라는 것은 인간의 조건과는 전혀 차원이 다른 문제이므로, 죽음을 향해 다가가는 하루하루에 의미를 부여하는 활동들을 지탱해 주기는 어렵다. 불멸과 관련된 이야기는 비단 철학자들만의 것은 아니다. 불멸을 허락받았지만 젊음을 영원히 잃어버린 그리스신화의 인물 티토누스에서 나탈리 바빗(Natalie Babbitt)의 아동문학 고전 『턱 에버래스팅(Tuck Everlasting)』에 등장하는 유랑민 가족과, 영생은 디스토피아라는 주제로 만들어진 거의 모든 소설과 연극, 영화에 이르기까지 다양하다. 보부아르도 이런 종류의 소설을 썼다. 『모든 인간은 죽는다』라는 소설에는 죽지 못하는 저주를 받은 귀족 레몽 포스카의 의미 없는 하루하루에 맞서는 불만 어린 여배우의 투쟁이 나온다.

이렇듯 불멸에 비판적인 문헌이 범람하는 것은 '피할 수 없는 죽음'을 향한 인간의 강렬한 욕구의 징후이든지 아니면 그 진실을 감추기 위한 필사적인 시도 중 하나일 것이다. 나는 나만의 의심이 있더라도 굳이 어느 것을 해결하려고 하지는 않을 것이다. 영원을 향한 필사적인 갈망에 대해서도 아주 평범한 반박이 있을 수 있기 때문이다. 영원한 삶이 얼마나 멋지든 간에 초인적인 능력이 없다는 사실보다 인간에게 불가능한 것을 고통스럽게 갈망하는 것은, 즉 피할 수 없는 죽음을 마치 무시무시한 불운처럼 한탄하는 것은 무언가 부자연스럽지 않은가? 제 수명을 온전히 누리지 못하도록 하는 불치병 진단을 받았을 때 탄식하는 것은 이해가 간다. 그리고 불멸을 소원하는 것도 이해 못 할 일은 아니다. 하지만 그 욕망이 좌절되었다고 해서 동요하는 것이 과연 이성적이라고 할 수 있을까?

한 친구가 슈퍼맨을 열렬히 사랑하며 자신도 그처럼 '날아가는 총알보다 빠르고, 기관차보다 힘세며, 높은 건물도 단숨에 뛰어오를 수' 있기를 바란다. 얼마든지 이해할 수 있다. 누군들 그러고 싶지 않을까? 그런데 몇 달 뒤에 만난 그 친구는 고통스러운 얼굴로 식은땀을 흘리며 분노를 삭이지 못하고 있다. 눈에서 레이저를 발사하지 못한다며, 크립톤인의 능력은커녕 나약한 인간에 지나지 않는다고 불평하며 말이다. 진정할 필요가 있다! 인간에게 가능한 범위를 초월한 능력이 없다고 해서 불운이라 할 수는 없다. 결코 절망할 일도 아니다.

그러면 불멸의 욕망은 어떻게 다른 것일까? 불멸의 존재가 아무리 좋아 보여도 하늘을 나는 능력과 다를 바 없다. 없다고 탄식하는 것도 이치에 맞지 않는 마법 같은 능력이다. 마흔다섯 살에 죽을 수도 있다는 두려움에 분개할 사람도

어떡하죠, 마흔입니다

있다. 그러나 죽음이 인생의 마지막에, 즉 여든다섯이나 아흔 살에 찾아온다고 해도 과연 그렇게 분노를 부추길까? 우리에게는 각자에게 할당된 천수(天壽)라는 게 있다. 더 많은 시간을 바랄 수는 있어도 운명의 시간에 과도하게 집착하는 것은 탐욕에 불과하다. 부끄러움도 모르는, 병적인 욕망일 뿐이다. 보부아르를 비난할 사람도 있을 것이다. 그녀의 인생이 영속적 존재의 삶을 의미하는 '신의 삶'이 아니라 시간의 흐름을 따를 수밖에 없는 '인간의 삶'에 불과하다면서 말이다. 영원한 신으로서의 삶을 꿈꾸는 것과 그것이 그저 꿈에 불과하다는 사실에 속은 느낌을 받는 것은 차원이 다른 문제다. 이 관점에서 보면, 피할 수 없는 죽음에 대한 보부아르의 고뇌는 지나친 것이요, 탐욕의 표현이요, 초인적 능력을 향한 과도한 요구다.

불멸이 사람의 몸에 날개가 돋치거나 핵분열로 번식하는 것처럼 인간의 조건이 급격하게 변화하는 것이라고 생각해 보자. 또 바라는 것이 합당한 것들과, 결여되었을 때 원망하거나 가슴 아파해야 할 것들이 어떻게 다른지도 곰곰이 따져 보자. 솔직히 나만의 비과학적인 방법이긴 하지만, 이런 연습을 함으로써 피할 수 없는 죽음의 공포를 조금이나마 줄일 수 있다. 다른 건 몰라도 죽음을 폄훼함으로써, 영원히 살고자 하는 강렬한 욕망을 가진 우리 자신을 부끄럽게 만들 수는 있다.

나는 자책할 상황을 피하지 않는 사람이지만 여기서도 위안에 한계가 있는 것 같아 걱정스럽다. (부디 이 과정에서 당신이 지금껏 이루어 온 성과를 흔드는 일이 없기를 바란다.) 이 두 번째 요법의 근본적인 한계는 이 요법이 불멸의 욕망을 마치 최선인 것처럼, 인간의 차원을 넘어서는 '최고'의 은총인 것처럼 대한다는 점이다. 이처럼 탐욕스럽고 만족할 줄 모르는 충동의 노예가 되어서는 안 된다. 그렇지만 이것이 죽음을 대면했을 때의 공포나 두려움의 유일한 원인은 아니며 다른 원인들은 이보다 다루기가 더 어렵다. 자기 이익과 더불어 자기 보존이라는 말도 있다. 두 용어의 동기는 다르다.

둘을 구분하는 한 가지 방법은 철학에서는 경시해 왔지만 중년의 우리와 '피할 수 없는 죽음'의 관계에서 중요한 현상, 즉 사별과 상실의 경험을 살펴보는 일이다. 중년의 나이에 죽음은 종종 수평선 끝에 보이는 작은 파도처럼 멀리 있는 것이 아니라 느닷없이 들이닥쳐 사랑하는 사람들을 집어삼키는 너울과 같다. 그들이 물에 잠기는 모습을 지켜보는 것 외에 다른 도리가 없다. 철학자들은 죽음을 일인칭 관점에서 생각하는 경향이 있다. 그러나 죽음과 가장 심각한 조우는 더러 친구의 죽음에서 비롯되기도 한다. 기원전 2100년으로 거슬러 올라가는, 가장 오랫동안 살아남은 문학 작품에서 길가메시는 불멸을 향한 탐색을 시작한다.

> 길가메시는 친구 엔키두를 두고 비탄에 잠겼다.
> 황야를 헤치며 통곡했다.
> "나도 죽어야 하는가? 엔키두처럼 나도 생명 없는 존재가 되어야 하는가? 복부를 에는 듯한 이 슬픔을, 끊임없이 나를 앞으로 내모는 이 죽음의 공포를 어떻게 견뎌야 한단 말인가?"

사람들이 '피할 수 없는 죽음'을 가장 가까이서 경험하는 경우 중 하나가 부모의 죽음이다.

이제 안락의자 심리학의 위험을 무릅쓰고 이야기를 전개해 보자. 사랑하는 사람이 죽었을 때 우리는 여러 가지 이유로 위축된다. 먼저 죽음이 당사자로부터 생명을 박탈한다고 생각해서다. 이때는 죽음이 너무 일찍 찾아올수록 충격도 더 크다. 그 사람을 사랑하고 잘되기를 바라기에 죽음을 원치 않는다. 반면에 두 번째 반응도 있다. 그 사람이 계속해서 존재하리라는 독특하고 근원적인 욕망이다. 이 관점은 행복이 아닌 상실에 대한 것으로, 중요하다고 생각하는 사람의 상실을 의미한다. 그 사람을 사랑하고 애착을 갖고 있기에 보내고 싶어 하지 않는다.

사랑에는 적어도 두 가지 측면이 존재한다. 상대방의 행복을 염려하기에 그 사람의 최선을 바라는 것과, 소중한 관계에 대한 가치 인식을 바탕으로 인생의 존엄성에 강렬하게 반응하는 경우다. 당신이 누군가를 사랑한다면 그 사람의 존재가 중요할 뿐 아니라 다른 사람으로 대체할 수 없다는 점도 잘 알 것이다. (4장에서 소개한 내용을 여기서 반복하면, 칸트 철학에서는 존엄과 가치를 대비한다.) 이 두 차원은 서로 충돌할 수도 있다. 당신이 사랑하는 사람이 회복될 희망도 없이 고통 완화 치료만으로 연명하고 있다고 가정할 때, 이 상황이 지속된다고 해서 그 사람이 얻는 것은 없을 것이다. 당신도 그 사실을 인정하면서 부디 끝이 그리 멀지 않기를 바라면서도 한편으로는 사랑과 애착의 힘이 있기에 그 상황을 극복하려는 마음도 있다. 비록 시간이 임박했더라도 그 사람의 등불이 꺼지지 않기를 바라기 때문이다. 그렇다면 당신의 생각이 최선이라는 사실을 받아들이기 위한 과정이 필요하다.

적어도 내게는 그렇다. (여기서 나는 다른 어떤 상황보다도 이런 경우에 사람들이 일반화를 믿지 말아야 한다고 생각한다.) 당신도 나의 생각에 공감한다면 두 가지로, 즉 사랑하는 사람의 입장에서 최선을 바라는 것과 그 사람이 살아 있기를 바라는 것으로 구분해서 접근할 수 있다. 나는 '애착'이라는 용어를 사용하지만 이 두 번째 욕망을, 누군가를 잃지 않으려는 이 욕망을 이기적이라고 생각할 필요는 없다. 그 사람이 길을 잃지 않기를 바라는 욕망이기 때문이다. 내가 아들의 죽음을 그려 본다면, 내가 떠난 후로도 아주 많은 시간이 흐른 뒤에 늙고, 시들고, 더뎌지고, 힘들어 보이는 노인의 모습이 그려진다. 그리고 나도 남들과 동일한 거부감을 느낀다. 내가 가슴 아픈 것은 우리의 관계가 끝나서가 아니라 엘리가 더 이상 존재하지 않는다는 사실이다. 불멸을 향한 이런 대리 욕망은 아들을 위해 최선을 바라서가 아니라 사랑의 또 다른 표현이다.

다음으로, 자기만의 사랑도 존재한다. 내부적 접근, 즉 인간의 피할 수 없는 죽음의 그림자인 사랑하는 이의 상실이라는 측면에서 접근하기보다는 외부적 접근, 즉 그 사별을 일종의 감정 모형으로 이해하며 죽음에 접근해야 한다. 나도 훗날 죽으리라는 사실에 대해 느끼는 슬픔의 원인은 한 가지만이 아니다. 나는 나 자신을 위한 최선을 바란다. 불멸이 무한의 선(善)이라면 나는 실망할 수밖에 없다. 그러나 나는 나 자신의 영속을 향한 깊고 근원적인 욕망을 가지고 있다. 즉 나만의 행복을 염려하기보다는 모든 인간의 영혼과 공유할 수 있는 존엄성, 그 가치에 대한 본질적인 깨달음을 열망한다.

우리의 두 번째 요법이 지닌 문제, 그 궁극적인 한계는 이것이 하나의 욕망에 대해서는 반응하면서도 다른 욕망은 그렇지 못하다는 점이다. 불멸을 향한 충동을 자신을 위한 최선으로 생각하는 것은 초능력을 바라는 것과 다름없다. 이해는 할 수 있어도 슬픔과 비탄의 근거로서는 타당하지 않다. 그 소망은 도저히 허락될 수 없는 것이기에 고통스러운 허욕일 뿐이다. 그러나 불멸의 욕망을 조절한다고 해서 죽음과의 평화가 이루어지는 것도 아니다. 당신이 사랑하는 사람들에게 바라는 것처럼 당신 자신도 견뎌 내기를 바라는 대체할 수 없는 느낌이 그대로 남기 때문이다. 당신에게 좋은 것이 무엇이든 상관없이, 이 욕망이 일어날 때 소멸의 두려움에 휩싸이는 것은 지극히 당연하다. 그래서 다시 말하지만, 이 요법은 불완전하다. 그 효과는 당신이 왜 죽음을 기피하는지, 죽음으로 인해 당신을 힘들게 하는 것이 무엇인지에 달려 있다. 은총의 박탈인가? 아니면 삶의 중단 때문인가?

이와 동시에 사별을 피할 수 없는 죽음으로 묘사할 때, 누군가의 죽음이 다른 사람들의 죽음에 반영된 것으로 바라봄으로써 얻는 것도 있다. 우리는 수명도 인간적인 수준에서 바라야 함을 잘 알며, 당신이 사랑하는 사람의 죽음이든 사랑받던 사람이 당신이든, 죽음이 아무리 고통스럽더라도 받아들이는 과정이 있다는 것도 잘 안다. 지금 느끼는 것은 불가능할지 몰라도, 부모나 친구의 죽음을 겪어 보면 떠나보내는 방법을 배우게 된다. 당신이나 나나 언젠가는 우리 자신을 떠나보내야 하듯이 말이다. 그것이 지금 당장 가능하다면 훨씬 나을 것이다.

집착하지 않기

마무리가 쉽지 않은 얘기다. 순전히 내 생각이지만, 나는 죽음의 공포가 오해에 불과하며 피할 수 없는 죽음의 슬픔을 철학으로 치유할 수 —죽음을 호도해서가 아니라 삶을 향한 무한한 욕망 속에서의 혼돈을 규명함으로써— 있으리라고 기대했다. 하지만 내가 원하던 방향으로 흐르지 않았다. 누워서도 공포에 사로잡혀 잠을 이루지 못하며 내 삶의 마지막 순간, 마지막 모습, 마지막 접촉, 마지막 맛을 떠올리는 순간에도 나는 논리적인 오류를 범하지는 않을 것이다. 누구도 이 절망에 반박할 수 없으며, 이 절망을 사라지게 할 특별한 개념도 존재하지 않는다. "두려움을 느끼는 이 특별한 방식을 / 어떻게도 쫓아 버릴 재간이 없다"(1963년에 성교(sexual intercourse)라는 단어를 탄생시킨 필립 라킨의 시구다).

하지만 철학은 '무(無)'가 아니다. 우리의 존재 이전의 '무'를 뜻하는 출생 이전의 부재에 대한 고찰 그 자체는 앞으로 다가올 '무'와 다를 게 없으며, 이것은 미래 편향에 덜 치우친 사람들에게 유익한 관점이다. 그들은 죽음을, 앞서 찾아왔던 심연의 실망스러운 모습 정도로 바라본다. 불멸을 초능력으로, 즉 가능한 수준의 기대가 아니라 터무니없는 선물로 이해하는 것은, 자신과 타인을 위해 최선을 바라며, 사랑은 더 많이 주고 중요한 것을 보존하려는 충동은 더 약하며, 삶의 유약함에 슬퍼하는 사람들에게 유익하다. 그들은 영원히 살고자 하는 욕망의 지나침을 안다.

내가 추측하기에, 이 요법들이 당신에게 효과가 있다면 이미 당신은 나나 라킨보다 죽음을 덜 두렵게 느낄 것이며 잠도 못 이룰 만큼 공포에 휩싸이기보다는 훨씬 잘 적응할 것이다. 어떻든 나는 그 요법들을 제시한다. 게다가 이것이 끝이 아니다. 내게도 사랑이 단일한 개념이 아니라는, 즉 관심과 집착은 구분된다는 희망의 속삭임이 있다. 누군가에게 최선을 바라면서 집착하지 않는 자애로움의 여지는 분명히 있다고 나는 생각한다. 삶을 거부하지 않고서도 '피할 수 없는 죽음'을 받아들이는 방법은 있다.

여기서 나는 키케로와 루크레티우스, 몽테뉴 등 서양철

학의 유산이 불교적 사고의 한 가지와 맥을 같이 한다고 믿는다. 불교는 "사성제(四聖諦, 고(苦)·집(集)·멸(滅)·도(道)의 네 가지 진리로 구성된 불교의 근본적인 교리 – 옮긴이)"로 시작하지만 너무 간결한 탓에 도리어 이해하기가 어렵다. 첫 세 가지는 일종의 경구로서, 삶은 고통이고 고통의 원인은 집착이며 목표는 그 집착을 버리는 데 있다는 의미다. 네 번째 성제는 팔정도(八正道, 불교 수행의 여덟 가지 실천 덕목으로 정견(正見), 정사유(正思惟), 정어(情語), 정업(正業), 정명(正命), 정근(正勤), 정념(正念), 정정(正定)을 말한다 – 옮긴이)를 말하는데, 이것은 산술적인 예상을 뒤집는다. (그 속에 실제로 얼마나 많은 성제가 있을까? 열한 가지? 하나가 실제로 하나 이상이라면 그 이상도?) 팔정도는 그나마 위안거리도 되기 어렵다. 지적으로 이해하기에는 어려운 진리인 탓이다. 팔정도는 수행을 통해 끊임없이 자신을 정화하는 수행 과정이다. 인지 요법이 통하지 않는 이유가 여기에 있다. 즉 살아가는 방법을 배우기 위해서는 책을 읽어서가 아니라 집착을 버려야만 가능하다.

일부 불교도들과 달리 나는 집착을 필연적으로 가지는 것이라고는 믿지 않는다. 그래서 내가 엘리의 죽음을 생각할 때 느끼는 혼란도 정말로 나에 관한 것이라고 생각지 않는다. 그것은 윤리적인 실수가 아니라 내가 엘리를 바라보는 가치에 대한 지적인 반응의 일종이다. 마찬가지로, 집착이 필수적이지는 않으며 집착 없이도 얼마든지 사랑이 가능하다. 사랑의 회피와 피할 수 없는 비애라는 두 어둠 사이에는 빛의 균열이 존재한다. 그곳이 우리가 배를 몰아야 할 곳이다.

　　문제는 방법이다. 여기서도 불교의 전통에서 ―뜻은 크되 효과는 불확실하더라도― 해답을 찾을 수 있다. 이 책의 마지막 장에서는 그 방법을 동서양의 또 다른 교류를 통해 불교도의 수행 개념으로 이끌어 보려 한다. 즉 물이 탁하고 흐름도 뒤섞여 있더라도, 팔정도와 만나는 서양식 사유 속에서 하나의 물줄기를 찾아보려 한다. 나는 '지금 이 순간을 살기'라는 진부한 표현 속에 새 삶을 불어넣으려 한다. 내가 겪은 중년의 위기의 깊이를 통찰함으로써 하나의 인생 경로를 고찰할 것이다. 그리고 불륜의 유혹과 조기 은퇴, 화려한 슈퍼카에 대해 위험을 무릅쓰고라도 살펴볼 것이다. 그것이 당신이 갈망하던 바였다면 이제 그 끝이 거의 임박했다.

6

지금 이 순간을 살다

6

MIT의 내 사무실. 팔짱을 낀 채 머뭇거리며 컴퓨터 화면을 바라보고 섰다. 커서가 깜빡이는 곳에는 이런 문구가 적혀 있다. "지금 이 순간을 살다." 나는 이 마지막 장을 정말 쓰고 싶은 것일까?

물론 그렇다. 내가 이 책을 쓰기까지 여러 달이 걸렸고 생각을 정리하기까지는 몇 년이 더 필요했다. 이제 집필을 끝내고 싶다. 그런데 솔직히 말하면, 이 생각을 할 때마다 두려움이 엄습한다. 나 자신에게 이렇게 묻는다. "이 책이 완성되어 교정과 편집이 마무리되고 교정본이 되돌아왔을 때, 과연이 책이 나에게 큰 기쁨과 행복이 될 수 있을까?" 하지만 내숨길 수 없는 양심은 단호히 이렇게 답한다. "아니!"라고. 나도 어쩔 수 없이 양면적인 인간이다. 이 책이 완성될 때 나는 무언가 가치 있다고 믿는 일을 끝냈다는 기쁨은 느끼겠지만, 한편으로는 내게 큰 의미가 있었던 작업과 작별해야만 한다. 그러면 내 삶에 구멍 하나가 생길 것이다.

경험이 그저 스쳐 지나는 것이라면 그 구멍도 머잖아 다시 채워질 것이다. 또 다른 일들이, 이를테면 가르쳐야 할 수업이나 읽어야 할 책, 써야 할 기사들이 생길 것이고, 나는 무엇을 위해서든 계속 움직여야 한다. 하지만 움직임이란 쳇바퀴 위를 달리는 것과 같다. 삶은 일의 연속이고, 일이 하나씩 떠날 때마다 그 숫자만 조용히 더해진다. 미래에 남는 것은 그저 더 많은 성취와 실패들이며, 이런 것들이 지나간 시간을 메운다. 다를 것이 있다면 행위의 단순한 축적이라고 할 수 있는, 이미 살아온 삶과 수량적인 측면에서 차이가 있을 뿐이다.

삶은 그저 일만이 아니다. 인생의 보편적인 중대 사건이라고 할 수 있는 첫 키스, 첫 여자친구, 순결의 상실, 약혼, 결혼, 출산, 기저귀를 갈고 학교에 보내고 대학까지 졸업시켜 자신의 삶을 찾도록 하기까지의 과정이, 코미디언 스튜어트리가 "끝없는 인간적 기쁨"이라고 부른 과정이 담겨 있다. 성취는 내게도 중요하지만, 그 하나하나는 달콤 씁쓸하다. 바라고 갈구했지만 결국에는 실망스럽게 마무리되는 경우도 있다. 삶은 그렇게 끝을 맺는다. 그럼 지금 무엇을 해야 하나?

욕망을 충족했음에도 공허하고 반복되고 하찮은 것 같은 느낌, 충족된 욕망의 공허함. 이런 느낌을 받는 사람이 나 혼자만은 아닐 것이다. 당신도 중년의 많은 일들 속에서 허우적거리며 이런 느낌을 받을지 모른다. 하나가 지나가면 다른 하나가 찾아오고, 다음에는 또 어떤 것이 다가올지 궁금해하면서 말이다. 우리는 소중한 것을 이루고 싶고 성공하고 싶어 하면서도 동시에 휴식과 만족을 모른 채 달리는, 중년의 위기의 전형적인 희생자들이다.

존 스튜어트 밀의 반향에도 불구하고 나의 고뇌는 2장에서 제시한 요법에 반응하지 않는다. 문제는 책을 쓰거나 강의하는 일이, 밀이 인간의 고통을 줄일 목적으로 사회 개혁 운동을 주도한 것처럼 개량적 가치만을 가져서가 아니다. 문제를 해결하거나 또는 없는 게 나은 욕구를 충족하는 데 얼마나 도움이 되든, 철학적인 노력은 이 개량적 가치를 넘어선다. 철학의 가치는 실존적이기 때문이다(이 관점이 유일하다고 할 수는 없어도, 적어도 나는 그렇게 믿는다).

문제는 상실(3장)의 하나여서도, 무언가 잘못되어서도(4장) 아니다(둘 다 충족하지 못한 욕망의 유형이다). 중요한 것은 좌절하지 않고 당신이 원하는 것을 얻는 것이다(하지만 성공이 마치 실패처럼 보일 수도 있다). 그리고 죽음에 직면하여 무엇을 해야 하든 간에 —내 경우에는 깊은 유대를 중시한다— 잇따른 성취 속에 숨어 있는 공허함은, 인생이라는 책의 각 장들은, 영원을 앞에 두고도 사라지지 않는다. 가치 있는 목표들을 추구하는 것이 문제될 건 없겠지만, 그 추구가 영원히 지속되더라도 공허함을 치유할 수는 없다.

우리는 위기의 주변을 지금껏 그 어느 때보다 빈틈없이 선회하고 있다. 절망해서는 안 된다. 고집 센 철학자가 나를 구슬려 심리치료 전문가의 소파에 앉힌다면, 아마도 나는 내 문제의 원인과 그 해결책까지도 토해 낼 것이다. 해답은 언제나 내 안에 있었다. 그 해답은 서양철학사에서 가장 유명한 염세주의자이자 원하는 것을 얻는 방법에 관한 한 빈틈없는 비평가로 꼽히는 아르투르 쇼펜하우어가 가져다주었다.

쇼펜하우어가 옳은 것

쇼펜하우어는 1788년 단치히(지금의 폴란드 그다인스크)에서 부유한 상인과 유명한 소설가 부부의 아들로 태어났다. 열다섯 살에 부모와 함께 매혹적인 유럽 여행을 떠나는 조건으로 어쩔 수 없이 학문적 야망을 포기하고 가업에 참여하기로 결정했다. 하지만 이것은 너무도 불운한 판단이었다. 1803년 여름, 런던에서 우연히 사형 집행 장면을 목격한 쇼펜하우어는 사형수의 표정에서 극도의 공포를 읽었다. 또 프랑스의 감옥들을 방문했을 때도 죄수들이 마치 동물원 동물들처럼 전시되어 있다고 생각했다. 몇 년 뒤 그는 자신의 이런 경험을, 부처가 말한 생로병사와의 형상적 조우에 비유했다. 인생의 비참함을 치욕적으로 드러낸 것이었다. 순종적인 아들이던 쇼펜하우어에게 주어진 보상은 한마디로 최악의 가족여행이었던 셈이다.

상황은 나아지지 않았다. 2년 뒤, 아버지가 창고 2층에서 운하로 떨어져 죽었다. 자살로 의심되는 죽음이었다. 쇼펜하우어는 약속대로 사업을 계속했다. 2년간의 힘든 생존 끝에 공부를 다시 시작한 그는 고타에서 괴팅겐대학교로, 베를린대학교로, 예나대학교로 옮겨 다닌 끝에 1813년에 박사학위를 취득했다. 어머니 요한나는 아들의 논문인 「충족이유율의 네 가지 뿌리에 대하여(On the Fourfold Root of the Principle of Sufficient Reason)」를 '약제사에게나 필요한 책'이라며 누구도 사서 읽지 않을 것이라고 무시했다. 두 사람의 갈등은 누그러지지 않았다. 1814년, 드레스덴으로 이사한 그는 다시는 어머니에게 눈도 돌리지 않았다.

드레스덴에서 쇼펜하우어는 자신의 역작 『의지와 표상으로서의 세계』를 저술한다. 안타깝게도 이 책이 곧바로 걸작으로 인정받지는 못했다. 베를린대학교의 교수로 채용된 그는 당대에 가장 저명한 철학자였던 헤겔의 강의 시간에 맞춰 강의를 계획했다. 마치 슈퍼볼 시간에 맞춰 TV 파일럿 프로그램을 편성한 것과 다름없었다. 1822년, 쇼펜하우어는 결국 굴욕만 당한 채 베를린을 떠났다. 그가 약간이나마 명성을 얻은 것은 삶이 저물어 갈 때인 1851년에 에세이와 성찰의 글들을 모아 『소품과 단편집(Parerga and Paralipomena)』이라는 책을 내면서부터였다. 그로부터 9년 뒤, 그는 아파트의 소파에 누운 채로 72세의 일기를 마감했다.

쇼펜하우어가 욕망을 불신했다는 것은 그리 놀랍지 않을 수도 있다. 하지만 그의 이런 입장은 놀랍도록 가혹했다. 욕망이 번번이 좌절되어서가 아니라, 그 욕망들이 '해결할 수 없는 만족'이라는 딜레마를 형성한다고 생각했기 때문이다. 원하는 바를 얻었다면 당신의 욕망은 결국 충족된 것이다. 당신은 기뻐야 한다. 하지만 방향을 잃고 우울해진다. 당신의 추구는 끝이 났고 이제 할 일이 없기 때문이다. 그런데 삶에는 방향이 필요하다. 당신에게는 아직 완성되지 않은 욕망과 목표와 일들이 있어야 한다. 하지만 이것 또한 치명적이다.

갖지 못한 것을 바라는 것 또한 고통이기 때문이다. 쇼펜하우어는 『의지와 표상으로서의 세계』에서 이렇게 적고 있다.

> 모든 의지의 근간은 필요이고 결핍이며, 그래서 결국은 고통이다. 그리고 그 본성과 기원에 따라 (인간의 동물성은) 고통으로 운명 지워진다. 한편으로 의지의 대상이 없을 때는, 너무 손쉬운 만족 때문에 또다시 의지가 박탈되고 두려운 공허함과 지루함이 그 자리를 대신한다. 다시 말해 의지의 존재 자체가 견디기 힘든 부담이 된다. 따라서 의지는 시계추처럼 고통과 지루함 사이를 이리저리 오가며, 이 둘이 사실상 의지의 궁극적인 요소가 된다.

이것이 쇼펜하우어의 딜레마이다. 당신의 의지에 대상이 있을 수도 없을 수도, 즉 무언가를 바랄 수도 그렇지 않을 수도 있다. 그렇지 않다면 당신에게는 목표가 없어 삶이 공허해진다. 이것이 지루함의 심연이다. 하지만 당신에게 욕망이 있다면 그 욕망들은 아직껏 도달하지 못한 성과일 것이다. 이것이 당신이 추구하는 표적이자, 당신의 삶을 구성하는 행위들의 표적이다. 하지만 가지지 못한 무언가를 바라는 것은 고통스럽다. 지루함을 해소하려고 할 일을 찾는 과정에서 당신은 자신을 고통스럽게 만들었다.

쇼펜하우어의 강의에 학생들이 몰리지 않은 것은 이상할 게 없다. 그의 강연은 동기부여와는 거리가 멀었기 때문이다. 그가 그린 인생의 모습은 지나치게 황량했다. 목표 없는 삶이 공허한 것은 사실이다. 우리에게는 할 일이 필요하고, 하나를 이루면 다른 것을 찾으려 한다. 그러나 목표를 추구하는 것이 오로지 고통만을 의미하지는 않는다. 적어도 그럴 필요는 없다. 이 책을 쓰면서 나는 이 책이 완성된 미래에 대해서는 긍정적인 시각을, 아직 책이 완성되지 않은 현재에 —미완성의 초고가 컴퓨터 하드드라이브에 담겨 있는 지금에— 대해서는 부정적인 시각을 가지고 있다. 쇼펜하우어였다면 이런 부정적인 시각에 상처를 입었을 것이다. 사실 다툼의 여지는 있을지 몰라도, 이런 상황이 그리 나쁘지는 않다. 나는 이 상황을 시급하고 필사적인 갈망이 아니라 관심 있는 것 중의 하나로 받아들인다. 이 상황을 '고통'이라고 부르는 것은 충족하지 못한 욕망에 대해 지나치게 과장된 감성을 부여하는 것이다. 이렇게 딜레마는 해결되었다!

그런데 쇼펜하우어는 무언가를 알고 있었다. 인간과 욕망의 관계에 대한 그의 냉소적인 평가에는 이유가 있다. 그의 관점을 생각해 보자. 삶에 목적의식을 부여하기 위해서는 목표가 있어야 한다. 하지만 목표를 추구하다 보면 실패하거나 (좋은 일은 아니다) 성공함으로써 마무리된다. 당신이 염려하는 것이 ―승진, 자녀 출산, 저술, 생명 구호 등의― 성취라면 그 일을 마무리하는 것이 가치 있을 것이다. 하지만 이 일은 더 이상 당신의 길잡이가 될 수 없다. 그래서 다른 목표를 찾아 분명히 해야 한다. 문제는 '쇼펜하우어의 지루함'이 의미하는 목표 없는 악몽, 즉 할 일이 바닥났다는 것이 아니다. 이처럼 가치를 추구한 행동이 자기 파괴로 이어진다는 사실이 문제다. 당신에게 가장 중요한 일을 처리하는 방식은 그 일들을 완료함으로써 삶에서 쫓아내는 식이다. 그래서 의미 있는 활동들을 하나씩 마무리하기 위해 시간을 투여하게 된다. 하지만 별로 달갑지 않은 위안거리는 그 모두를 없앨 수는 없다는 사실이다. 그래서 각각의 일이 마무리될 때마다 얼마간이라도 만족을 느낀다. 삶을 구성하는 가치들과 당신의 관계는 여전히 모순적으로 남는다. 즉 추구나 완수라는 미명하에 일에 관여하지만, 그 일이 끝나면 더 이상의 관여도 사라진다. 목표를 추구할 때는 결국 바라는 무언가와 상호작용을 고갈시키게 된다. 친구를 만들더라도 결국은 헤어지는 것과 같은 이치다. 욕망의 고통에 대한 쇼펜하우어의 생각이 잘못되었다 하더라도, 그에게서 배우는 것은 바로 이런 구조적 불합리이다.

앞의 장들에서 서술한 방식처럼, 여기서도 인간의 영적 진화의 길을 특별한 표현을 사용하여 좇으려 한다. 먼저 당신의 삶을 구성하는 활동에서 시작해 보자. 직업을 얻고, 보고서를 정리하고, 퇴근하여 집으로 향하고, 음악을 듣고, 산책을 하는 등 다양하다. 이런 활동 중 일부를 언어학 용어로 표현하면 '완료형(telic)'이라고 할 수 있다. 말하자면, 끝나서 고갈된 최종 상태를 목표로 한다. ('telic'은 'teleology(목적론)'에서 기원한 그리스어 'telos(궁극의 목적)'에서 유래했다.) 집으로 차를 모는 것은 완료형 행위로, 집에 도착하면 그 행위가 완료된다. 결혼이나 저술 활동도 마찬가지다. 반면에 '미완료형(atelic)'에 속하는 활동도 있다. 이런 활동은 종결이나 고갈 등의 최종 상태를 목표로 하지 않는다. A에서 B로 걸어가는 행위를 포함하여 어딘가로 이동할 때 반드시 구체적인 목적지를 정해야만 하는 것은 아니다. 이런 행위는 미완료형 활동이다. 음악을 듣거나, 친구나 가족과 즐거운 시간을 보내거나, 중년에 대해 생각하는 행위 등도 마찬가지다. 원하면 언제든 중단할 수 있고 결국은 그렇게 하게 된다. 하지만 완료는 없다. 고갈시켜 끝에 이르게 하는 결과나 한계라는 것이 없다.

아리스토텔레스는 『형이상학』에서 이와 동일한 구분을

어떡하죠, 마흔입니다

했다. 그가 말하는 '실천(praxis)' 또는 행위의 유형은 두 가지다. 일부는 무언가를 배우거나 건설하는 것처럼 '미완성'이다. "무언가를 배우고 있다고 할 때, 동시에 배웠다고 할 수는 없다"고 그는 말했다. 반면에 바라보기, 이해하기, 생각하기 등 "완성이 내포된 유형의 행위"도 있다. 아리스토텔레스는 첫 번째 행위 유형을 '운동성(kinêsis)'이라고 했다. 운동성은 자체적인 결말을 겨냥하므로 본질적으로 완료형이다. 철학자 아리예 코스먼(Aryeh Kosman)의 표현을 빌리면, "(운동성의) 존재는 자기 파괴적이다. 그 목적과 목표가 자기 소멸의 일종이기 때문이다."

여기에는 완성에 집착하는 계획 때문에 삶이 고갈되는 문제가 따른다. 당신에게 의미의 근원이 전적으로 완료형이라면, 그 가치가 무엇이든 —궁극적이든 실존적이든 개량적이든— 성공에 이르러서야 비로소 중지할 수 있는 구조다. 그것은 마치 삶으로부터 의미를 박탈하기 위해 애쓰는 꼴이며, 따라서 구제받기 위해서는 할 일이 너무 많거나 계속해서 새로운 일을 찾아야만 한다. 이 점에서는 쇼펜하우어가 옳았다. 다시 말해 완료형 활동에 집중하면 그 노력이 사람에게 반작용을 일으킨다. 당신의 동기는 고통이 아니라면 필요나 결핍에서 솟아나며, 이때의 결핍은 당신이 목표하는 최종 상태와는 차이가 있다. 그 목표를 달성함으로써 당신은 삶을 가치 있게 만든 특정 활동을 종결하게 된다.

그런데 이 과정이 나의 ─어쩌면 당신의─ 중년의 위기에 불을 붙이는 자기 파괴의 원동력이다. 나는 이 완료형 활동을 향한, 하나를 완성하고 그다음 중요 순서를 향한, 가정적 및 직업적 성공을 향한 기호와 적성을 이루기 위해 40년 세월을 바쳤지만, 결국 그 속에는 공허만이 있을 뿐이다. 충족이란 언제나 미래나 과거에 존재한다. 충족은 지금 이 순간을 살아가는 방식이 아니다.

사회역사학자들은 노력과 성공 관념이 시대에 따라 어떻게 진화해 왔는지, 역사적으로 지리적으로 어떻게 지역화되었는지, "프로테스탄트 윤리와 자본주의 정신(사회학자 막스 베버의 1905년 저서의 주제)"과는 어떻게 관련되는지 물을 것이다. 반면에 우리가 물어야 할 것은 노력과 성공이 중년과 어떻게 관련되느냐이다. 기본적으로 누구든 완료형 활동의 중심에 공허함이 존재한다는 것을 느낀다. 존 스튜어트 밀 같은 비범한 인물도 일찌감치 위기를 경험했다. 하지만 완료형 활동에 대한 의존도가 가장 활발해지는 때가 중년 부근이다. 오랫동안 생각한 목표들이 달성되거나 아니면 불가능한 것으로 판명되는 시기가 보통 이 무렵이기 때문이다. 오랫동안 공들인

직업, 만나기를 소원했던 배우자, 꿈꿔 왔던 단란한 가정을 얻었거나 아니면 그 반대일 수도 있다. 이 시기까지는 삶의 근간이 된 야망이나 한계 따위의 고갈에 대해 진지하게 생각할 기회가 없었을 수도 있다. 이제는 모든 게 분명해졌다. 이제는 마음속의 파괴적 기운이 어렴풋하게라도 느껴지기 시작한다. 결국 나의 세계로 들어온 것이다.

이 시점부터 길은 엇갈린다. 위기가 심각할 경우에 당신은 삶의 서사가 분열되는 모습을 목격한다. 붕괴가 일어난다. 레이첼 커스크(Rachel Cusk)의 난해한 소설 『아웃라인(Outline)』에는 여름 강의 때문에 아테네를 여행하는 어느 창조적인 작가가 등장한다. 그녀의 삶에 대한 열정적인 준비는 다른 사람들의 고백까지 이끌어 낸다. 그녀의 친구 파니오티스가 자신의 이혼에 대해 언급한 부분을 여기 소개한다.

> 결혼생활을 하면서 그는 진보의 원리가 항상 일 속에 있었음을 이제 깨달았다. 집과 재산, 자동차를 구입하고, 더 높은 사회적 지위를 향해 도전하고, 더 많이 여행하고, 더 다양한 부류의 친구들과 교류하고, 심지어 그 정신 나간 여정에서 의무적인 소환 지점 같은 아이들을 생산하는 일들 말이다. 그리고 더 이상 더하거나 향상시킬 만한 것들도, 달성해야 할 목표들이나 통과

해야 할 단계도 없는 듯한 때가 이윽고 찾아왔을 때, 이 여정도 거의 막바지에 이른 듯하고 그와 그의 아내는 삶이 허무해질 뿐 아니라 거의 병적인 느낌에 사로잡혔다. 너무 많이 움직이다가 갑자기 정지했을 때의 느낌, 마치 뱃사람들이 너무 오랫동안 바다에 나갔다가 돌아와 마른땅을 밟았을 때의 현기증처럼 말이다. 결국 두 사람 모두에게 더 이상 사랑이 남아 있지 않다는 의미였다.

파니오티스에게 완료형 사고방식, 즉 거의 모든 일에서 의미를 추구하는 방식은 스스로를 고갈시켜 결국 쇼펜하우어의 심연으로 이끈다. 그와 아내의 관계에는 아무것도 남은 게 없고, 마지막 단서가 사라졌을 때의 보물 사냥꾼처럼 두 사람 역시 종착역에 이르고 만다. 잘못은 처음부터 있어 왔지만 A에서 B로 급히 달리느라 묻혀 있었을 뿐이다. 사랑은 마무리해야 할 일이 아니다.

인간관계는 실패할 수 있다. 사랑은 완벽하지 못하다. 언젠가는 빛이 바랠 수 있다. 철학이 이것을 바꾸기는 어렵다. 하지만 좌절의 원인이 사랑에 대한 완료형 태도, 즉 완전히 소진할 수 있는 것이라는 생각 때문이라면 바람을 피우더라도 도움이 되지 않는다. 이렇게 생각해 보자. 나는 다른 누군가와 함께하고 싶은가? 아니면 단순히 유혹, 즉 다시 사랑에 빠지거나 혹은 다른 누군가와 침대로 향하고 싶은 완료형 전율을 바라는가? 당신이 그런 즐거움을 느끼면 안 된다는 뜻은 아니다. 하지만 그 또한 머잖아 고갈된다. 일처럼 대하는 불륜은 언젠가 끝이 나고 당신은 또다시 원래의 자리로, 욕망의 극한으로 되돌아갈 것이다. 안나 카레리나를 유혹한 젊은 백작 브론스키를 생각해 보자. "머잖아 그는 오랜 갈망의 실현이 그가 예상했던 산더미 같은 희열의 작은 파편에 불과하다고 느꼈다. 그 갈망의 실현은, 행복이 소망의 충족에 달렸다는 사람들의 생각이 절대적인 오류임을 그에게 가르쳐 주었다."

잘못된 생각은 더 보편적인 오해를 낳는다. 당신도 나처럼 매우 진취적이고 일을 지향하는 사람이라고 가정하자. 번잡한 활동 속에서 성취와 불만의 공허한 고동 소리를 듣는다. 이것이 자기 파괴 신호를 처음으로 인식하는 순간이다. 무언가 잘못되었다. 하지만 뭐가 뭔지 말할 수는 없다. 차라리 당신의 선택을 비난하는 편이 수월하다. 인간관계가 문제라고, 직업이 문제라고. 그래서 배우자를 떠나고 직업도 바꾸려 한다. 그러기에 합당한 이유가 있을 수도 있지만, 적어도 이런 식은 아니다. 이런 방식은 중년의 위기에 대한 혼돈스러운 반응에 불과하다. 일을 하다가 문제점을 감지했을 때 당신은 자신이 목표에 매몰되었다는 사실보다는 목표 자체를 비판하며 새롭게 시작하려 한다. 새로운 시작이 새로운 목표를 수립한다는 의미라면, 당신의 삶이 지닌 구조적 결함에서 점점 더 멀어질 뿐이다. 그렇게 바삐 움직이는 것이야말로 훌륭한 전환이 되긴 하지만 이런 방식은 원인이 아니라 증상만을 다루는 데 그친다.

이것이 내가 중년의 위기를 진단하는 나만의 방식이다. 후회와 상실, 죽음의 공포가 없지 않지만, 주된 것은 일 위주의 삶이 가져다주는 자기 파괴에 대한 대응이다. 나의 고뇌는 급성이 아니라 만성이며 온갖 일의 소용돌이에 가려져 있다. 논문 평가, 회의 준비, 독서 등등. 그렇다고 아무 일도 없이 산책을 하거나 친구들과 시간을 보낼 때 즐거움이 없다는 뜻은 아니다. 하지만 내 삶에서 의미의 근원은 일차적으로 완료형이다. 대부분 최종 상태에 초점이 맞춰져 있다. 나도 파니오티스랑 다를 게 없다. 내 환경이 조금 덜 극단적이긴 하지만 원인론적 측면에서는 동일하다. 나는 안타깝게도 완료형 사고방식에 사로잡혔다. 원하는 것을 얻었음에도 공허하고 반복되고 하찮은 것 같은 느낌이 드는 이유도 그래서이다.

이 내용이 당신에게 얼마나 적용될지, 당신이 완료형의

어떡하죠, 마흔입니다

미끼에 얼마나 단단히 걸려 있는지 내가 판단할 수는 없다. 그러나 분명히 말할 수 있는 것은 나만 그렇지는 않으리라는 사실이다. 다행히 좋은 소식이 있다. 우리가 가진 문제들은 이론적으로뿐 아니라 ―나의 철학적 안전지대를 벗어나― 일상생활 속에서도 얼마든지 해결할 수 있다. 그래서 여기에 대한 나의 생각이 옳고 또 당신도 내가 느낀 불안감을 공유하고 있다면, 이 책이 당신의 삶을 바꿔 놓을 수도 있을 것이다.

쇼펜하우어가 틀린 것

사랑은 일이 아니다. 그러나 일도 종류가 다양하고 그중 몇몇은 아주 중요하다. 병을 치료하거나 전쟁을 끝내는 일 등의 개량적 가치를 부인하는 것은 어리석다. 예술 활동, 즉 소설을 읽거나 그림을 그리거나 노래를 부르는 등의 실존적 가치를 부인하는 것도 마찬가지다. 이 모두는 완료형 활동으로 저마다의 가치를 지닌다. 굳이 다른 방향으로 생각할 필요는 없다. 뿐만 아니라 이 활동들에 궁극적 가치가 있으며, 결과를 얻기 위한 단순한 수단만이 아니라는 사실도 굳이 의심할 필요도 없다.

그렇다면 우리가 완료형 사고방식의 덫에 사로잡혀 있다는 뜻일까? 그렇지는 않다. 물론 이것이 철학과 관련하여 크게 시사하는 바는 있다. 최근의 사상가들은 일 중심의 삶에 대한 대안을 찾기 위해 애써 왔다. 5장에서 불멸에 대한 우려를 언급했던 버나드 윌리엄스는 저명한 시론에서 완료 지향을 이렇게 정리했다. "개인은 욕망과 관심의 체계, 즉 나의 표현대로 일의 체계란 것을 갖고 있으며, 이것이 그 사람의 개성을 형성하는 데 기여한다. 이런 일들이 개인을 미래로 달리게 하는 동기로 작용하고 삶의 근거를 제시한다." 전문용어를 택하는 것은 순수함과 거리가 있다. 파니오티스에게서도 배웠듯이 모든 관심사가 다 일은 아니다. 누군가를 사랑하는 것과 함께할 수 있는 무언가를 사랑하는 것은 별개다. 윌리엄스가 언급한 대로 오직 일만이 삶의 근거를 부여한다면, 내가 중년의 위기로 기술한 것들은 단순히 인간의 조건에 지나지 않는다.

하지만 윌리엄스는 틀렸다. 당신은 성취하기 위해 세워놓은 계획 같은 존재가 아니다. 그리고 당신이 사랑하는 활동이 반드시 일이어야 하는 것도 아니다. 최종 상태를 목표로 하지 않는 미완료형 활동에도 물론 가치는 있다. 산책을 하거나 그냥 걷거나 하이킹을 하는 등 목적지를 정하지 않고 그저 걷는 것 자체가 좋아서 하는 활동에도 기쁨이 있다. 걷기는 미완료형 활동이다. 귀가와는 달리, 더 이상 수행할 지점

어떡하죠, 마흔입니다

이 없는 상태까지 완료해야 하는 목표가 없다.

중년의 위기 때문에 고뇌하는 당신에게 그저 걸어 보라고 조언하는 것은 너무 어설픈 대응일지도 모른다. 해가 될 건 없더라도 당신이 기대하던 대단한 정보는 아니다. 직업, 인간관계, 자녀를 바탕으로 삶을 건설할 수는 있어도 걷기를 통해 삶을 만들 수는 없을 테니 말이다. 그렇지만 미완료형 활동도 당신의 삶을 구성하는 여러 일들과 관련이 있다. 이 책을 쓰는 내가 그렇다. 그렇게 함으로써 나는 철학에 대해 사색하고 글도 쓴다. 내게는 미완료형 활동인 것이다. 중요한 것은, 책을 끝내는 것이 아니라 글을 쓰는 그 자체다. 이처럼 글을 쓰고 책을 만드는 일이 내 삶에 의미를 부여한다면, 아무런 목적 없이 철학을 행하는 것도 그렇지 않을까? 나의 문제가 완료형 활동에 과도하게 치중하는 데 있다면 그 해결책은 일이 아니라, 과정에서 의미를 찾을 수 있는 미완료형의 상대를 사랑하는 것이다. 당신의 문제가 나와 같다면 이 해법이 당신에게도 유효할 것이다.

미완료형 활동은 최종 상태를 목표로 하지 않으므로 삶을 고갈시키지도 않는다. 일은 끝나면 스스로 소멸되지만, 당신이 미완료형 활동에 관여하더라도 그 활동이 파괴되지는 않는다. 스스로 소멸되지 않는 것이다. 아리스토텔레스의 표현처럼 비소멸성에는 또 다른 측면이 있다. 그는 '운동성'을 '미완성'이라고 부르고 바라보기와 이해하기, 생각하기의 '완성'에 대해 설명하며 이렇게 기술했다. "동시에 누군가는 바라보거나 바라보았고, 이해하거나 이해했고, 생각하거나 생각했다." 미완료형 활동은 전적으로 현재에 실현되며, 그 활동이 과거에 완료된 미래의 어느 시점을 지향하는 것이 아니다. 당신이 집에 가고 싶고 아직 도착하지 않았다면, 당신의 활동은 미완성이고 완료까지는 아직 이르지 못했다. 집에 도착하면 모든 것이 끝난다. 반면에 당신이 걷는 것에 가치를 둔다면, 공원을 걷는 것만으로도 당신이 바라던 모두를 얻는다. 지금 걷는 것 외에 더 이상이 필요치 않다. 목표를 이루려고 걷는 과정이 아니다. 당신은 이미 그곳에 있는 것이다.

단순히 이 책을 쓰는 일이 아니라, 내가 평소에 철학에 대해 생각하고 글을 쓸 때 가치를 부여하는 방식도 이와 같다. 내게는 나중이 아니라 오로지 지금이 중요하다. 따라서 공허함이나 자기 파괴 같은 느낌도 없다. 철학보다 덜 현학적인 활동들에서도 이와 동일한 반전이 일어날 수 있다. 아이들이 먹을 음식을 만들거나 숙제를 도울 때 또는 잠이 들도록 다독일 때 ―철저히 완료형 활동이지만― 당신은 양육이라는 미완료형 활동에 관여하고 있다. 식사나 숙제와 달리

양육은 매 순간 완성된다. 양육은 일이 아니라 과정이기 때문이다.

이제 당신의 관점도 바꿔 보자. 완료형 활동에 치중하던 데서 미완료형 '상대 활동'으로 눈을 돌려 보자. 보통은 일이 당신의 삶에 의미를 부여하는 상황이더라도 그 과정에서 의미를 찾는 것 또한 얼마든지 가능하다. 이 의미는 완전히 소모되거나 소비되지 않으며, 미래를 위한 투자가 아니라 현재를 되찾는 길이다.

파니오티스는 이혼 후에 아이들과 계획에 없던 물놀이를 할 때를 떠올리며 이것을 깨닫는다.

> "(…) 물이 얼마나 차갑던지, 얼마나 깊고 깨끗하고 상쾌하던지, 우리는 얼굴과 몸으로 쏟아지는 햇살을 받으며 그리고 물속으로 마치 세 개의 하얀 뿌리들이 매달린 듯한 모양으로 여기저기를 떠다녔다. 지금도 나는 그곳에서 우리를 본다." 그가 말한다. "그 기억이 너무 강렬한 탓에, 다른 일들은 완전히 잊었어도 우리는 늘 그 기억과 함께 살아갈 것이다. 지금 말한 이야기 속의 순간들이 매우 강렬했음에도 그 이야기에 덧붙일 만한 다른 특별한 일은 없다. 폭포 아래의 웅덩이에서 물놀이를 하면서 보낸 시간은 그 어디에도 속하지 않는다. 이어진 사건

들의 일부가 아니라 그 자체로서 존재할 뿐이다. 이어진 사건
들 (…) 과거에 가족으로서의 삶 중에 그 자체로서 존재한 경우
는 없었다. 하나의 사건은 다음으로, 그다음으로 이어지며 지
금의 우리를 만든 역사에 기여했다. 크리스타와 내가 이혼한
후로도 나는 그렇게 보이려 오랫동안 애를 썼지만 예전처럼 우
리가 함께하지는 못했다. 어떻든 웅덩이에서의 그 시간만큼은
다른 어느 것과도 이어지지 않았고, 앞으로도 영원히 그럴 것
이다."

폭포에서의 물놀이가 파니오티스에게는 궁극적인 삶이
요 전적으로 현재의 삶이다. 하지만 그는 지금 이 순간에 살
기가 일상의 중단이 아니라 일상으로 몰두하게 하는 과정임
을 보지 못한다. 미완료형 활동에는 우리가 좀처럼 올라서기
어려운 험난한 봉우리 같은 것이 필요한 게 아니다. 어디서든
구하면 찾을 수 있고, 찾으면 의미를 발견할 수 있다.

이 사실을 무시하면 정원을 가꾸거나 골프를 즐기기 위
해 중년에 일찍 은퇴하거나 직장을 그만두려는 그릇된 유혹
에 빠질 수도 있다. 이런 생각이 잘못되었다는 말이 아니라,
주기적이고 끝을 가늠하기 어려운 추구 활동을 미완료형 활
동의 특별한 영역으로 간주하는 것이 실수라는 뜻이다. 이 일

어떡하죠, 마흔입니다

에서 저 일로 목적을 향해 쫓아다니는 스트레스 많은 삶이 그렇다. 열심히 일하는 것은 미완료형 활동이며 철저히 현재에서 이루어진다. 그리고 완성이 가치 있는 곳에서는 참여도 가치를 지닌다. 결국 일을 그만두더라도 잘못된 근거로 그만두면 안 된다는 뜻이다. 일에 관한 한 본질적으로 완료형은 없다.

갑작스런 사직이나 엉뚱한 행동으로 완료 지향을 극복하지 못할 때 ─중년의 위기에 단골로 등장하는 이런 징후들이 앞의 특별한 사실을 간과한 결과라면─ 우리는 감사하게도 세 번째 전형으로 쏠리게 된다. 즉 오토바이나 슈퍼카를 구입하는 것이다. 이런 행동의 매력을 여러 가지로 해석할 수 있지만, 그중 하나는 '도달'의 가치에서 '도중'의 가치로 초점이 전환된다는 점이다. 목적지에 더 빨리 도착하기 위해 스포츠카를 구입하는 사람은 없다. 이런 행동은 여정을 의미하며, 그 여정은 미완료형이다.

쇼펜하우어가 틀린 부분이 이것이다. 우리가 완료형 결과를 추구할 수밖에 없다 하더라도, 그것이 욕망의 목표라 하더라도, 그것만이 유일한 해법은 아니다. 다른 활동으로도 얼마든지 삶에 의미를 부여할 수 있기 때문이다. 우리는 추구와 해결 및 재생의, 나아가 달성과 미달의 자기 파괴적 순환에서 벗어날 수 있다. 그 방법은 ―결과나 한계가 특정되지 않으며, 행동하는 과정에서 충족이 이루어지는― 미완료형 활동에서 충분한 가치를 발견하는 데 있다. 이런 활동에서 의미를 이끌어 내려면 현재에 사는 법을 배워야 하며, 그리하여 중년을 정체시키는 일의 학대로부터 우리 자신을 구해 내야 한다.

그랬을 때 우리는 어떻게 될까? 방법은 정확하지 않더라도 무엇을 해야 하는지는 알게 된다. 완료 지향에서 미완료 지향으로의 전환이 흔한 일은 아니다. 이것은 한편으로 완료형 활동에 대응하는 미완료형 상대 활동을 찾는 일이며, 다른 한편으로는 무언가를 완수한다는 단순한 수단으로서가 아니라 자기만을 위한 가치를 부여하는 감성적 또는 정서적 전환을 의미한다. 한마디로 당신만의 삶을 위한 도전이다. 나는 평소에 철학에 대해 글을 쓰거나 사색하는 과정에서, 이 책을 쓰는 것 못지않게 혹은 그 이상의 신경을 쓰고 싶다. 하지만 정작 책을 집필할 때는 앞으로 진행될 부분적이고 점진적인 단계들에 집중하지 않을 수 없다. 글쓰기의 문제점, 주장의 수정과 절의 마무리, 읽어야 할 글 등에도 신경을 쏟는다. 일에 몰입하다 보면 그 과정에서의 미학을 발견하기가 어려워질 수도 있다. 눈앞의 손이 거대한 산을 가리는 것처럼 말

어떡하죠, 마흔입니다

이다. 결국 나는 예전의 습관으로, 케케묵은 가치 평가 방식으로, 머리로는 해답을 알더라도 내 영혼의 깊은 곳에서는 확신할 수 없는 그런 익숙한 공허함 속으로 빠져든다.

5장에서 그랬던 것처럼, 여기서 나는 지도도 없이 당신을 방치하지는 않을 것이다. 이 장의 마지막 절에서 나는 쇼펜하우어와 조우하면서 등장한 '지금 이 순간에 살기' 버전의 대안으로 불교와 임상 심리학의 '마음챙김(唯心, mindfulness)'에 접목하려 한다. 나는 둘 중 어느 쪽에도 전문가가 아니지만, 심오함과 평범함 사이의 길을 조심스럽게 그려 보려 한다. 마음챙김 명상에는 철학적인 요점이 있다. 일상의 스트레스를 치료하는 것보다 더 중요하며 철학적 계시보다는 덜 중요한 무언가가 말이다. 이 요점을 발굴하는 과정에서 우리는 자기계발 슬로건에 대한 조금 더 확실한 관점을 찾아내고 이를 현실에 적용하는 방법까지 살펴볼 것이다.

내가 분명히 아는 것

쇼펜하우어의 생각과 옛 인도 철학의 유용한 가르침 사이에 공명하는 부분이 있다면, 이것은 결코 우연이 아니다. 쇼펜하우어는 『의지와 표상으로서의 세계』를 저술하기 전에 힌두교 성서를 읽었다. 그 영향으로 불교를 공부하게 되었고,

나중에는 스스로를 불교도라고 부르며 집에 불상까지 마련했다. 프랑크푸르트에 있던 아파트의 구석 테이블 위에 놓인 이 불상은 아침 해가 떠오를 때마다 그 빛을 받아 찬란하게 빛났다.

쇼펜하우어가 1813년이나 1814년 무렵에 읽었던 것으로 추정되는 경전으로, 전사이자 왕자인 아르주나와 그의 코끼리 몰이꾼이자 성스러운 책사였던 크리슈나의 대화를 담은 『바가바드 기타』는 미완료형 태도를 매우 강력하게 권고한다. "동기란 결코 행위의 열매에 있어서는 안 되며, / 또한 무위에 집착해도 안 된다. / 요가를 지속하고, 행위를 시작하라! / 집착을 내려놓고, 충족도 놓아라 / 그리고 좌절도 마찬가지다." 완료형 활동에 아무런 가치도 부여치 말라는 것, 무언가를 완수함으로써 이룬 성공에 연연하지 말라는 것, 일 자체보다는 과정을 중시하는 것, 이것이 이 경전의 가르침이다. 결과의 중요성을 부인하지 않으면서 미완료형 활동에 가치를 부여하라는 나의 조언보다도 훨씬 어려운 내용이다.

쇼펜하우어가 이 구절을 이렇게 읽었더라도 자신의 염세주의를 극복하지는 못했을 것이다. 염세주의와 불교의 사성제는 닮은 점이 많기 때문이다. 삶은 고통이요, 고통의 원인은 집착이며, 집착을 버리는 것이 목표이고, 그러기 위한

어떡하죠, 마흔입니다

방법이 팔정도다. 쇼펜하우어는 처음의 두 진리와는 뜻을 같이했지만, 세 번째와는 삐걱거렸고, 네 번째와는 그리 좋지 않았다. 그러나 우리가 현재를 바탕으로 한 명상을 통해 고통의 끝을 찾는 과정인 마음챙김의 뿌리를 찾는 곳이 바로 이 네 번째 진리인 팔정도. 그렇다면 이 개념은 앞에서 우리가 발굴해 온 아이디어들과 얼마나 닮았을까?

이 질문에 대한 해답은 엇갈린다. 불교도들의 전통에서 배울 것은 아주 많으며 그중 일부는 여기서도 쓰일 수 있다. 그러나 불교는 인간의 조건 및 집착과 고통의 원인에 대해 추상적으로 진단하는 등 받아들이기 어려운 측면도 있다. 두 번째 성제에 이르면 차이가 드러난다. 여기서 '집착'은 욕망과 혐오, 무지의 약어와 같다. 앞의 두 가지가 사람들과 그들의 존재에 대해서 또는 추구하는 목표에 대해서, 집착과 어떻게 관련될지는 짐작할 수 있다. 그리고 집착에의 초월이 유익하리란 사실도 알 것이다. 그렇다면 세 번째는 어떨까? 전통적 불교도들의 관점에서는 무지(無知)가 핵심이다. 즉 고통의 근본 원인은 '아나타(anattā)' 또는 '무아(無我)'라는 혁명적인 형이상학을 받아들이지 못하는 데 있다. 욕망과 혐오를 낳는 자신의 물질적 존재에 대한 끊임없는 망상에서 벗어나지 못하는 탓이다. 평정(사마타, samatha)을 향한 명상은 통찰(위파사나, vipassana)을 향한 명상과 조심스럽게 구분된다. 평정을 향한 명상은 '나'가 존재하지 않는 것, 즉 무아가 고통을 끝내는 통찰이다.

명상은 몇 가지 단계를 거치는데, 조용히 자리에 앉아 호흡에 정신을 집중하는 것으로 시작한다. 이때 고요한 느낌으로 들숨과 날숨을 쉬되 가슴과 후두, 코에 이르기까지 호흡이 리듬을 타듯이 한다. 명상이 시작되면 신체 감각과 소리를 인식하게 되고, 행위 반응의 필요성에서 멀어진다. 또한 생각과 감정들이 밀물과 썰물처럼 머물렀다가 물러나며 점차 멀어지는 것을 느낀다. 그러다가 어느 단계에 도달하면 무상함과 고통, 나아가 무아의 경지를 머리로서가 아니라 직관으로 느낄 수 있다. 이것이 '나'가 존재하지 않는 상태이며, 불교도들이 추구하는 경지이다.

설명이 혼란스러울 것이다. 사람들마다 의문스러워하는 지점도 비슷하다. '나'가 존재하지 않음을 어떻게 판단해야 할까? 누가 그렇게 결론지을 수 있을까? 이 문제에 부딪치기 위해 17세기 프랑스 철학자이며 근대 철학의 원류가 된 "생각한다. 고로 나는 존재한다(cogito, ergo sum)"라는 경구를 남긴 르네 데카르트(René Descartes)를 소환한다. 데카르트는 육체와 모든 물질세계는 의심할 수 있지만 자기 존재만

어떡하죠, 마흔입니다

큼은 그렇지 않으므로 자신은 순수한 비물질적 존재("기계 속의 영혼(the ghost in the machine)")라고 주장했다. 그러나 무아 개념이, 데카르트의 비물질적 영혼주의를 배격하지는 않는다. 오히려 "경험과 사유와 감정은 그 어느 것의 소유물이 아니다. 그보다 이런 것들은 빛의 번쩍임이나 소음의 분출처럼 의식의 흐름에서 등장하는 사건이며 결과다"라는 데카르트의 경구에 담긴 심오한 실수를 발견한다. 데카르트 시대 이후로 독일의 실험물리학 교수 게오르그 리히텐베르크(George Lichtenberg)는 데카르트의 주장이 너무 성급하다고 비판했다. "'생각한다(it thinks)'라는 말은 '밝힌다(it lightens)'의 의미여야 한다. '코기토(cogito)'라는 말에는 이미 너무 많은 의미가 담겨 있다." 이것이 무아 개념의 본질이다. 정신 현상은 형태나 크기 같은 객체에 내재된 속성이 아니라 그 자체로서의 현상이다.

무슨 말인지 아직 정확히 이해하지 못했더라도 염려할 필요는 없다. 무아 개념이 지성의 영역인지 아닌지는 이 개념에 대한 논란의 핵심 중 하나이다. "나는 존재하지 않는다"라는 의미를 제대로 이해하기 위해서 우리는 지속적이고 쉽지 않은 명상을 통해서만 가능하다며 별다른 근거도 없이 말해 왔다. 나는 무아 개념이 지성의 영역이 아니라고 본다. 그 시작은 데카르트처럼 오해에서 비롯된다. 즉 나의 본질, 나의 존재는 나의 의식 속에서 드러나야 하므로, 데카르트가 생각한 대로 내가 정신적 개체가 아니라면 결국 나는 그 무엇도 될 수가 없다. 이에 반해, 나는 당신과 내가 모두 인간이며 우리의 정신적 삶은 우리의 육체에 속한다는 비교적 고루한 관점을 신뢰한다. 우리가 이런 유형의 피조물이라고 해서 굳이 성찰을 통해 배우기를 기대해야 하는 것은 아니다.

동시에, 내가 무아 상태에 깊이 몰입할 때면 왜 불교도들이 무아가 삶을 바꾼다고 믿는지 깨닫게 된다. 내가 그 무엇에도 존재하지 않는다면 죽음의 의미도 완전히 달라진다. 존재가 중단되는 것이 아니라, 애초부터 거기에 내가 없었다는 사실에 직면하는 것이다. 이 사실을 받아들이는 것은 집착을 포기하고 나를 놓아주는 것, 슬픔도 미리 느끼는 것을 의미한다. 이런 식의 변화는 자기 집착을 감소시키며("'나'가 없는데 어떻게 생존할 수 있는가?"), 따라서 욕망의 성격도 바뀌게 된다.

이 내용의 무게는 결코 가볍지 않다. 이것은 불교 철학의 핵심이며, 인간의 고통에 대한 중추적 반응이다. 기적이 없는, 업보(카르마, karma)가 없는, 무아에서 비롯된 윤회의 가능성도 없는 불교가 가능할는지 모르겠다. 하지만 형이상학이 배제된 불교는 왕자가 빠진 햄릿, 위기가 빠진 중년과 다

어떡하죠, 마흔입니다

를 게 없다. 어울리지 않는 일이다.

사람들이 익숙하게 받아들이는 불교식 사고도 무아 개념으로 귀결된다. 1950년대에 불교를 샌프란시스코 지역으로 전파한 철학자 앨런 왓츠(Allen Watts)의 생각은 아주 단호했다. "불교는 내가 공간 속에서 피부로, 탄생과 죽음으로 둘러싸인 몸뚱이에 불과하다는 것을 일깨워 준 하나의 관습이다." 중요한 것은 경험이 아니라 경험하는 사람임을, 생각이 아니라 생각하는 사람임을, 느낌이 아니라 느끼는 사람임을 우리는 평소에 깨닫지 못한다. 사실이 그렇다면, 우리는 무엇 때문에 그런 것들이 존재한다고 믿는 것일까?

훗날의 저술가들은 이런 문제들에 회피적인 모습을 보이며 현실적인 대안도 제시하지 못한다. 세속 불교의 모습을 공표하여 찬사를 받은 『믿음 없는 불교(Buddhism without Beliefs)』에서 저자 스티븐 베첼러(Stephen Batchelor)는 업보에 대해서는 접어 두고 무아 개념을 내면화하려 노력한다. "자아는 무언가가 아닐 수도 있지만, 아무것도 아닌 것은 아니다. 그저 납득하기 어렵고 찾아내기 어려울 뿐이다."

'자아'를 거부하는 것은 몸과 마음과 무관한 —다른 사람과 구별되는 한 개인으로서의 일반적인 자기 개념이 아닌— '정적인 자아' 개념을 환기할 뿐이다. 정적 자아 개념은 개별적 존재로서 우리의 독특한 잠재력을 실현하는 데 근원적 장애물로 작용한다. 경험의 무상함, 모호함, 우연성을 직시하는 시야를 통해 이 가설을 무너뜨릴 때, 비로소 우리 자신을 새로이 창조할 자유를 얻게 된다.

문제는 보통 사람과 구별되는 자아 관념을 가졌다 하더라도 집착과 이기심, 죽음의 공포를 유발한다는 점이다. 그 이유는 이것이 ─정적이고 독립된 영혼이라는 약간은 허구 같은 이야기가 아니라─ 무아 개념이 혁명적이라는 일반적인 관념을 훼손하기 때문이다.

나는 무아 개념을 받아들이지 않지만, 여기서는 그것에 맞서는 주장을 펴기보다 마음챙김이라는 불교 관념과 원래의 내 생각을 구별하려 한다. 우리에게 주어진 과제는, 자아의 부재와 무상함이라는 형이상학적 약속을 거부했을 때 과연 마음챙김 명상으로 무엇이 남는지를 밝히는 일이다.

한 가지 대답은 이렇다. 통찰이 아닌 고요함! 삶을 충분히 만끽하지 못하도록 막는 습관의 족쇄를 부숴 버리려면 우리가 하는 일을 주의 깊게 짚어 볼 필요가 있다. 사회심리학자 엘런 랭어(Ellen Langer)가 오래전에 시행한 놀라운 연구의

어떡하죠, 마흔입니다

제목에서도 볼 수 있듯이, 현재에 집중하다 보면 다시 활력을 찾을 수도 있다. 우리는 심장 박동과 혈압, 근심과 스트레스를 낮추기 위해 호흡과 주변 소음, 지금의 기분을 응시하고 명상한다. 마음챙김을 통한 스트레스 경감 요법은 존 카밧진(Jon Kabat-Zinn)이 개척하여 최근에는 임상심리학 분야에서 활발하게 사용되고 있다.

이처럼 치료 목적으로 마음챙김 명상이 활용되는 것은 매우 의미 있는 발전이다. 이 분야에서는 명상을, 단순히 형이상학적 통찰을 얻거나 무아 개념을 깃들이기 위한 방법이 아니라 활력과 평정의 근원으로 본다. 명상이 이런 역할을 하는 것은 당연하다. 그러나 마음챙김을 실천하는 데는 더 많은 이유가 있다. '나'가 존재하지 않는 수준까지는 아니더라도 어떤 것이든 통찰을 얻을 수 있기 때문이다. 명상은 미완료형 활동의 의미와 가치를 단순히 지적으로 포착하는 정도를 넘어서는 수준의 직관을 촉진한다.

조금 거북할 수도 있겠지만, 나는 오프라 윈프리의 정신적 스승인 에크하르트 톨레(Eckhart Tolle)의 1997년 베스트셀러 『지금 이 순간을 살아라』에 담긴 지혜에 우리가 얼마나 가까이 다가갈지 밝히고 싶다.

당신이 지금 하는 무언가에서 기쁨이나 평안, 활기가 없다고 해서 반드시 지금 하는 '무언가'를 바꿀 필요가 있다는 의미는 아니다. '얼마나'를 바꾸는 것으로 충분할 수도 있다. '얼마나'는 언제나 '무언가'보다 중요하다. 당신은 실행을 통해 얻는 결과보다 '실행' 자체에 더 많은 주의를 기울일 수 있는가? 그 순간이 나타내는 것이 무엇이든 최대한 주의를 쏟아야 한다. 그러기 위해서는 '무언가'도 온전하게 받아들여야 함을 함축한다. 어떤 대상에 최대한 주의를 기울이면서 동시에 그것을 거부할 수는 없기 때문이다.

'어떻게'에 대해서는, 성취하려고 목표로 한 무언가뿐 아니라 실행의 가치에 대해서도 동의한다. 미완료형 활동에 주의를 기울이는 방식에 대해, 그렇게 실행하는 과정에 대해서도 그렇다. 하지만 마지막 부분의 과도한 함축에 대해서는 그렇지 않다. 톨레는 현재에 살기를 만병통치약에 비유한다. "'현재'에서는, 시간의 부재에서는, 당신의 모든 문제들이 해소된다. (…) '현재'에서는 불행한 것과 동시에 온전히 존재하기란 불가능하다." 이 말이 사실이라면, 현재가 무엇을 보듬고 있는지가 중요치 않다면, 그저 현재를 향해 마음을 열면 그만이다. 그러나 이것은 희망적인 생각에 불과하다.

신의 벌을 받아 무거운 바위를 산 정상까지 밀어 올리려 하지만 다시 바닥으로 굴러떨어지는 바위를 반복해서, 영원히 지켜볼 수밖에 없는 시시포스의 이야기가 있다. 알베르 카뮈는 『시시포스 신화』에서, "(누군가는) 그가 행복하다고 생각할 것이다"라고 했다. 의미와 도덕성에 대해 집필하던 철학자 수전 울프(Susan Wolf)는 이 말이 혼란스럽다. 어떻게 시시포스가 행복할 수 있단 말인가? 굴러떨어지는 바위에서 실제로는 존재하지 않는 무언가를 본다거나, 지성이나 상상력이 사라져 노동의 지루함과 허무함을 깨닫는 것조차 불가능한 상황이 아니라면 말이다. 아무리 현재에 전념하더라도 헛되이 되풀이되는 삶이 이상적이지 못하다는 사실을 숨길 수는 없다. 우리가 사랑하는 사람들이나 우리 자신을 위해서도 바라는 상황은 아니다. 굳이 이런 삶을 살고 싶은 사람이라면 다른 무언가를 찾기보다 지금을 즐기는 편이 낫다. 그러나 세상에는 개량적 가치를 지녔든 실존적 가치를 지녔든, 이보다 훨씬 의미 있는 일들이 많다. 철학자들은 가치의 객관성 및 그것에 대한 우리의 지식과 더불어, 이런 생각들로 씨름할지도 모른다. 하지만 이런 것들은 다른 날의 이야기다. 여기서 내가 지적하는 것은, 이것이 현재에 몰두하는 삶, 미완료형 활동에 몰두하는 삶의 의미로는 충분하지 않다는 점이다. '현재'에 실행하는 것뿐 아니라 무엇을 하는가도 중요하다.

당신의 호흡과 몸, 주변 환경의 소리를 응시하는 것은 호흡과 앉기, 듣기라는 단순한 미완료형 활동에 대한 당신의 인식 능력을 훈련시키는 한 방법이다. 그 존재에 주의를 기울이는 것은 그 자체로서 끝이 아니다. 그 순간에 당신이 존재할 수 있다는 능력을 키우는 과정이므로, 당신에게 중요한 완료형 활동의 미완료형 상대 활동까지 찾아낼 수 있다. 그러기 위해서는 완료 지향으로 이끌리는 것을 극복해야 한다. 이런 일들로 주의가 쏠리는 것을 막아야 한다. 마음챙김 명상을 통해 당신의 생각과 감정, 즉 정신을 집중하는 능력을 키워야 한다. 죽음과 대면할 때, 당신 자신에 대한 집착에서 벗어나려 할 때, 이것이 얼마나 도움이 될지 나도 알 수는 없다. 하지만 무아까지는 아니더라도, 미완료형의 가치까지는 아니더라도, 명상을 통해 얼마든지 통찰을 얻을 수는 있다. 이 통찰이 당신의 삶을 바꿔 줄 것이다. 목표 추구의 빈 곳을 채워 주고, 완료형 사고방식의 공허와 자기 파괴를 되돌려 줄 것이다. 마음을 바라보며 살아가기 위해서는 미완료형 활동의 가치를 —일이 끝났다고 해서 고갈되지 않고 미래를 위해 양보하는 것이 아니라 지금 이곳에서 실현되는 가치를— 인식해야 한다. 현재의 후광 속에서 사는 것이, 삶이 되풀이되고 허무하다는 느낌과 이탈과 좌절의 느낌과 나아가 당신의 중년의 위기까지 녹여 내는 방법이다.

남은 시간을 어떻게 살 것인가

당신이 나와 많이 닮은 사람이라면, 중년은 당신의 기억이 예전의 기억이 아니라는 의미일 게다. 이제 잠시 되돌아볼 시간이다. 중년을 관리하기 위해 소개한 여섯 개의 장, 그리고 열한 개와 절반의 아이디어들을.

U자형 곡선의 오목한 부분에서의 삶은 답답하고 힘들고 황량하게 보일 수 있다. 2장에서는 중년의 위기를 예방하는 두 가지 법칙을 소개했다. 첫째, 이기주의의 역설에서 배웠듯이 너무 자기중심적이어서는 안 된다. 과도한 행복 추구는 오히려 행복을 성취하는 데 방해가 된다. 존 스튜어트 밀은 말했다. "자기만의 행복이 아닌 다른 무언가, 즉 타인의 행복이나 인류의 진화, 나아가 예술이나 이상처럼 수단이 아니

라 그 자체로서 이상적 결과물에 마음을 쏟는 사람들만이 비로소 행복하다. 그러므로 다른 무언가를 목표로 할 때 도리어 행복을 발견하게 된다." 둘째, 살아가면서 개량적 가치뿐 아니라 실존적 가치를 지닌 행위의 여지를 만들어야 한다. 없는 게 더 나을 듯한 욕구를 충족시키는 것이 아니라 삶을 긍정적으로 유익하게 만들 수 있는 활동들 말이다. 친구들과의 놀이 같은 평범한 것에서 예술과 과학의 심오함에 이르기까지 그 폭은 넓다.

삶이 순조롭더라도 중년은 상실의 시절이다. 가지 말아야 할 길, 가지 말아야 할 삶을 깨닫고, 젊음의 자유를 향수와 함께 되돌아본다. 3장에서 소개했듯이 얼마간의 조언도 함께 한다. 첫째, 중년에 이르러 실제로 상실감을 느낄 때는 그 대안이 무엇인지 자문해야 한다. 상실은 가치의 다양성 때문에 빚어진다. 세상을 살면서 극도로 가난하거나 그 가난에 맞서야 하는 급박한 상황이 아니라면 누구라도 좌절에서 자유롭기는 어렵다. 둘째, 선택권의 가치를 과대평가해서는 안 된다. 물론 선택권은 중요하지만, 선호하지 않는 결과를 보상하기에는 충분치 않다. 폴 오루크와 지하 생활자처럼 선택의 유혹에 현혹되지 말아야 한다. 셋째, 젊은 시절의 '나'를 부러워하며 잠시 상실의 고통을 잊는 것도 이해는 되지만 그 대가를 잊어서는 안 된다. 하지 않을 일을 알지 못하는 것은 할 일도 알지 못한다는 의미다. 그래서 정체성의 혼돈과 상실로 이어진다.

그동안 해 온 일들이나 일어났던 일들을 후회하거나 두 번째 기회를 소망하는 경우에는 이 조언도 쓸모가 없다. 그러나 4장에서 배웠듯이, 과거의 실패와 당신을 화해시키는 방법이 있다. 첫째는 새로운 삶이다. 당신이 사랑하는 세상에 오로지 실수밖에 남는 게 없다면, 그것은 당신이 그 실수를 기꺼워해야 할 이유가 있다는 뜻이다. 두 번째는 위험 회피다. 처음부터 다시 시작할 생각을 하고 있다면, 당신이 알고 있는 역사와 상반된 방향으로 흘러갈 가능성이, 즉 불확실성의 범위가 매우 크다는 점을 명심해야 한다. 사실과 상반되는 위험은 과연 가치가 있을까? 셋째, 당신의 삶에서 특별한 것들에 대한 애착이다. 더 잘될 수도 있었으리라는 막연한 판단보다 지금의 풍요에 감사해야 한다.

중년이 과거를 청산하는 시간이라면, 동시에 미래의 한계에 직면하는 시간이기도 하다. 당신은 "산꼭대기에 이르렀고, 앞으로 이어지는 길은 저 멀리 도로 끝으로 이어지는 내리막 경사로이다." 5장에서는 인생의 유한성을 철학적 기법으로 접근했다. 첫째, 과거와 미래의 경험들에 동일한 가중치를 부여하는 '시간적 중립성' 관점이다. 이 관점을 가진 사람에게는 죽음으로 인한 박탈감이 아직 태동하지 못한 존재의 그것보다 그리 나쁠 게 없다. 둘째, 불멸의 은혜를 바라는 것은 인간의 조건을 넘어서는 바람이다. 날 수 있기를 바라는 것처럼, 부러워하는 것은 이해하지만 없다고 해서 한탄해서는 안 되는 능력을 바라서는 안 된다. 남는 것은 당신에 대한 애착, 즉 유지되어야 하는 가치와 소망에 대한 인식이다. 중년에 접근하는 절반의 관념이다. 당신은 관심과 애착을 구분할 수 있는가? 더 나은 삶을 향한 욕망을 견지하면서도, 자신의 죽음을 미리 슬퍼하고 영원히 살기를 바라는 욕구를 포기할 수 있는가?

중년의 가장 어려운 숙제는 과거나 미래가 아니라 현재의 공허함, 즉 만족감은 뒤로 유보되고 열심히 노력한 결과마저 자기 파괴적이라는 데서 오는 느낌에 대처하는 일이다. 마지막 장에서는 일을 추구하는 과정에서의 구조적 결함에서 오는 이런 병폐를 추적하였다. 일이란 완료형이며 최종적인 상태를 목표로 한다. 그 일을 성공적으로 수행하려면 마무리를 잘해서 삶으로부터 의미를 완결지어야 한다. 6장에서 구축한 해결책은 종결이나 고갈과 상관없는 활동에 더 충분히 투자하는 것이었다. 산책하기, 친구들과 시간 보내기, 예술이나 자연 감상하기, 양육하기, 열심히 일하기 등의 미완료형 활동에 말이다. 그렇다고 일상에서 하는 일에 큰 변화를 주어야 하는 것은 아니다. 그저 좋아하는 일에 대한 관점을 조금만 조정하면 된다. 일 자체뿐 아니라 아이들을 키우고, 우애를 나누고, 일을 해 나가는 과정에 가치를 부여해야 한다. 겉으로 보기에는 다를 게 없을지 몰라도 그 속에는 심오한 차이가 있다. 과정을 가치 있게 여기는 사람은 원하는 것을 곧바로 얻을 수 있으며 일이 끝나더라도 가치가 훼손되지 않는다. 명상을 실천함으로써 현재에 몰두하는 방법을 배울 수 있다. 또한 미완료형 지향의 가치를 깨닫게 된다.

많은 자기계발서에서 제시하는 첫 번째 법칙이 자기 자신이 아닌 다른 무언가에 관심을 쏟는 것이라는 사실은 아이러니가 아닐 수 없다. 어찌 됐든 그런 책을 읽더라도 당신 자신의 개선보다는 삶의 시간성에 관심을 가져야 한다. 이기주의의 역설에 따르면, 이 아이러니가 바로 자기계발 계획을 저해한다. 여기에 이용되는 동기 자체가 목표를 가로막기 때문이다. 모든 행동에 영향을 끼치는 자기 집착과 이기심을 의심하기는 쉽다. 가끔은 나도 이 책에 대해 그런 것들을 느낀다. 중년의 위기는 얼마나 제멋대로인가? 살아가기에 화려한 고난은 아닐까?

어떡하죠, 마흔입니다

크게 염려할 것은 없다. 내가 이 책에서 소개하는 논점들은 특정한 일부가 아니라 거의 모든 사람에게 적용되는 내용이다. 상실과 한계, 가지 않은 길, 놓쳐 버린 기회는 누구에게나 해당된다. 누구나 실수를 하고, 누구나 불운 속에서 살아야 하며, 누구나 노력이 수포로 돌아가는 모습을 지켜보아야 하고, 결국은 누구나 죽기 마련이다. 동시에 대다수 사람들에게 의미를 부여하는 활동은 완료형 아니면 비완료형이다. 하루 벌어 하루 먹고 사는 사람이든, 무거운 중압감을 견디며 사는 사람이든, MIT에서 강의를 하는 사람이든 마찬가지다. 다만, 어느 경우에서든 사람들의 사고방식은 목표 지향적인 완료형 활동에 조금 더 쏠리는 경향이 있다. 초점을 어디에 두는지는 당신에게 달렸다. 일에 맞추든, 과제에 맞추든, 아니면 일의 종류와 상관없이 진행하는 과정에 맞추든 말이다. 지금 이 순간에 살기는, 누구에게나 그렇듯이, 힘들고 빈약한 삶을 살아가는 사람들에게도 꼭 필요하다.

우리의 탐구는 존 스튜어트 밀의 열정적인 꿈과 함께 시작되었다. 사회 개혁에 대한 계획, 성공에 대한 비전, 나아가 절망까지도 모두 우리의 출발점이었다. 쓸모없는 고통을 뿌리 뽑는 것은 고귀한 목표지만, 이 말은 고통 없는 삶이 더 낫다는 의미이기도 하다. 그 가치는 개량적일 뿐 실존적이지는 않다. 삶에는 더 많은 무언가가 있어야 한다. 또한 그것은 끊임없는 완료형이다. 야망이 생겼을 때 어떤 느낌이 들지를 묻는 질문에 밀은 최종 상태를, 자신이 전혀 관여할 일이 없는 영원한 이상향을 떠올렸다. 이때 그의 삶의 목적은 지워져버렸다.

정의롭고 더 나은 세상을 갈망할 때 우리는 어디서든 '현재'의 힘이 필요하다. 완료형 활동에 몰두한다는 의미가, 멀고 불확실한 목표에 몰두한다는 의미로 사용될 때가 많다. 이를테면 빈곤이나 기아, 전쟁을 뿌리 뽑는다거나 지구온난화의 부작용을 저지하겠다는 식이다. 미술평론가 존 버거(John Berger)는 특이한 삽화를 가득 담은 에세이 『벤투의 스케치북』에서 아룬다티 로이(Arundhati Roy)의 사회적 행동주의에 대해 고찰한다.

> (모든) 의미 있는 정치적 저항은 결여된 정의에 대한 호소이며, 미래에는 이 정의가 '구축되리라'는 희망을 동반한다. 그러나 저항이 형성되는 '첫 번째' 이유가 이 희망 때문은 아니다. 저항하지 않는다면 너무 굴욕적이고, 소외되고, 죽은 존재인 듯한 느낌 때문에 저항에 나서는 사람이 있다. 또 미래가 어떻게 되든 '지금 이 순간을 구원하기' 위해 (바리케이드를 치거나, 무기를 들거

나, 단식 투쟁을 하거나, 손에 손을 맞잡거나, 글을 쓰거나) 저항하기도 한다. (…) 대개 저항이란 대안적이고 더 정의로운 미래를 위한 희생만을 의미하지는 않는다. 그보다는 현재를 되찾아가는 '결과 없는' 과정이다. 문제는 '결과 없는'이라는 수식어와 더불어 시간을 어떻게 살아가느냐다.

결과가 중요하냐는 의문에 대한 완벽한 대답은 없다. 하지만 여기서 파생되는 행동에 대해서는 그렇지 않다. 완료형 활동의 끝이라 할 수 있는 더 정의로운 사회에 부합하는 것은, 정의의 부재에 저항하는 미완료형의 과정이다. 저항 속에 의미가 있는 것이다.

헤쳐 나갈 방법을 안다고 생각은 하지만, 지금도 나는 나의 중년의 위기와 맞서 싸우고 있다. 미완료형 활동에 더 몰두하기 위해서는 나의 완료형 사고방식에서 벗어나야 한다. 그 순간에 머무는 방법도 배워야 한다. 이것이 당신만을 위해 적용할 수 있는 사고방식이다. 일상의 공허가 점점 채워지면 이상주의적 계획 속에서 '결과가 없는' 데 따른 근심도 물리칠 수 있다. 이것이 노력할 가치가 있는 것을 위해 쏟는 정열과 집중과 충만의 근원이며, 이를 위해 '지금 이 순간' 당신이 노력하고 있다는 사실을 알고 존중해야 한다.

어떡하죠, 마흔입니다

초판 1쇄 인쇄 2018년 10월 19일 | 초판 1쇄 발행 2018년 10월 30일

지은이 키어런 세티야
옮긴이 김광수
펴낸이 김영진

사업총괄 나경수 | 본부장 박현미 | 사업실장 백주현
개발팀장 차재호 | 책임편집 신주식
디자인팀장 박남희 | 디자인 관리 당승근
마케팅팀장 이용복 | 마케팅 우광일, 김선영, 정유, 박세화
해외콘텐츠전략팀장 김무현 | 해외콘텐츠전략 강선아, 이아람
출판지원팀장 이주연 | 출판지원 이형배, 양동욱, 강보라, 손성아, 전효정, 이우성

펴낸곳 (주)미래엔 | 등록 1950년 11월 1일(제16-67호)
주소 06532 서울시 서초구 신반포로 321
미래엔 고객센터 1800-8890
팩스 (02)541-8249 | 이메일 bookfolio@mirae-n.com
홈페이지 www.mirae-n.com

ISBN 979-11-6233-895-7 03100

「이 도서의 국립중앙도서관 출판시도서목록(CIP)은 서지정보유통지원시스템 홈페이지(http://seoji.nl.go.kr)와
국가자료공동목록시스템(http://www.nl.go.kr/kolisnet)에서 이용하실 수 있습니다.
(CIP제어번호: CIP2018032523)」